山东师大基础教育集团教育创新系列丛书

任务单与阅读教学

张亮　孙艳梅　主编

山东教育出版社

编委会

序

现在中小学校出书照例都得写个序言，当然这个序言是要找个有名头的人来写。齐鲁学校也要出一本老师们在教学改革上的研究成果，邀我写序言，我虽不是有名头的人，却还能欣然接受，原因是我是一个参与者和见证人，说自己与老师们是相濡以沫、千辛万苦一路走来有些夸张，但不离不弃、肝胆相照还是有的，是教学研究让我们结成了君子之交。

昨晚正好看到吴康宁先生近来写的一篇文章《中国的教育改革为什么会这么难？》，颇有同感。大学老师尤其重点师范大学的老师，一般都是教育改革理念的制造者、倡导者，有话语权，这是身份和地位决定的，是他们与中小学教师相比强大的一面，但大学教师又是很弱小的，他们中的一些人在教育实践中真实推动中小学贯彻改革理念时，就变成了雷声大雨点小，就验证了一句话"理论很丰满，现实很骨感"……最后的结局都是不了了之，使大学教师与中小学教师之间产生互不认可、相互否定的嫌隙。

我在大学教授《小学课程与教材分析》《小学教学设计与案例分析》这两门课程，是教学迫使自己必须面对小学的教师与教学，带学生下小学去听课，需要有学校接纳，需要有教师愿意提供他们的课堂让我们观摩、见习，于是，就需要与他们建立一种良好、稳定的合作关系。随着年龄的增长，自己在小学老师中发表拙见也渐渐有了听众和声誉。与齐鲁学校的合作始于任丽华校长，她一直困于学生自主学习的改革不得法、改不动，想和我建立一种长期的合作关系，让我参与到教师们的教研中来。我们就以"任务单"和"小组合作"为抓手进行改革，那时的老师们甚至写不出个像样完整的任务单，教学全凭经验。学生分小组预习后教师就是不肯把课堂40分钟让给学生一点，原因是不放心，不会上课了。我深深地领教了改变三百多年的教学惯习和文化有多难，如同要戒掉烟瘾一般，抓得紧教师就变变，稍不留意又会重蹈覆辙。但总有教师会破茧而出，绽放光彩。当老师们看到启用任务单和小组合作带来课堂的变化时，开始从观望状态逐渐参与进来，更到一种忘我的投入状态。有一批优秀教师如雨后春笋般地成长起来：孙艳梅、于海棠、周雪娇、米文丹、李雅、朱淑慧等是中青年教师的佼佼者，更有一批新教师徐红玉、陈琰、杜建丽、姜琦等成为梯队，不断显示他们的实力和才智。

为他们的发展感到高兴之余，我不禁想要反思取得这一切得益于什么？我想一是得益于齐鲁的历届校长真诚相邀。继任丽华之后，我又遇到了潘恩群校长、张芳校长、张亮校长和孙艳梅副校长，他们的信任和支持是我能长期在齐鲁学校扎根的原因之所在。二是人性最重要的原则是渴望寻求意义。当齐鲁的老师们在教研有收获时，当他们上一堂好课时，当他们代表齐鲁学校到全国展示和交流时，当他们赫然看到杂志上有自己铅印的作品时，我分明看到了教师的尊严和满足感，看到了他们想追求成为名师的意志和决心，看到了他们从被动发展到主动发展的自信满满。三是得益于学校课程和教学制度的建立。教师们要可持续地发展，就必须建立相应的平台和机制，否则，任何改革极有可能是三分钟的热度。建立齐鲁学校校本化语文课程，把老师们的有效的研究和探索纳入到课程体系中，就有了制度化的保障。"海棠工作室"又让有相类愿景、相同温度的同侪凝聚到一起，慢慢形成了积极向上的教师文化，带动了更多的教师向他们看齐和靠拢，有效地避免和抵御许多负性教师文化的侵蚀和消磨。

齐鲁学校依托山东师范大学，能够揽聚许多优秀的师范生加盟教师队伍，若没有平台和学校共同体的支撑，他们也极有可能因空间狭窄和机会贫乏而丧失最好的发展时机，变得平庸和一事无成。我想这正是我的意义所在，作为一个陪伴者，用知识、责任和良知尽自己绵薄之力辅佐他们，辅助他们走向真正的自主发展之路。

魏 薇

2017年8月5日星期六写于师大新村

目 录
CONTENTS

上篇　任务单教学理论

中篇　任务单教学案例

下篇　任务单教学反思

上 篇

任务单教学理论

——火柴是冰冷的，摩擦可燃出温度；理论是枯燥的，细读可使人明理。万物产生，均有其背景，万物发展，均有其动源。"任务单与阅读教学"亦是如此。

第一章　任务单教学概述

一、任务单教学的研究背景

终身学习是当今时代对人们提出的基本要求，只有终身学习才能跟上时代步伐，适应社会发展。终身学习需要人们不断提高自主学习的能力与意识，学会求知、学会学习。而传统的教学模式忽视儿童在学习中的主体地位，已不能适应社会发展的需要。2001 年教育部颁布的《基础教育课程改革纲要（试行）》中提出，新课程改革的六大目标之一就是改善学生的学习方式，即改变课程实施过于强调接受学习、死记硬背、机械训练的现状，倡导学生主动参与、乐于探究、勤于动手，培养学生搜索和处理信息的能力、获取新知识的能力、分析和解决问题的能力以及交流与合作的能力。自新课改实施以来，全国各地的学校都不断致力于改革教学模式，改善教学方法，培养学生自主学习、合作探究的能力。任务单教学在新课程改革的浪潮中得到新的重视、发展与应用。

为贯彻落实《国家中长期教育改革和发展规划纲要（2010—2020年）》和党的十八届三中全会关于深化教育改革的精神，积极探索与全面建设小康社会相适应的科学教育体制机制，提升高校利用优质教育资源服务社会的能力，经山东省民政厅审批，山东师范大学于2014年4月成立山东师大基础教育集团（以下简称集团）。集团自成立以来，始终以"引领山东基础教育改革与发展，共享优质教育资源惠及更多学生"为宗旨。山东师大齐鲁实验学校作为集团的直属校区，依托集团的教育资源，秉承着"办不一样的教育"的办学理念，不断推进课堂教学改革，提升课堂教学质量。任务单教学的研究与实践成为我校课堂教学改革推进的一个有力抓手。

任务单引领下的阅读教学研究，在齐鲁实验学校已经有四年的时间了，它最初的提出源自于寻找一种途径转变传统的教学模式，让学生先学，以提高学生自主学习的意识和能力。在此基础上，教师了解学生任务单完成的情况，即自学情况，以学定教。

二、任务单教学的含义界定

何为任务单教学？苏联学者维果斯基最早提出"任务型教学"的概念，他提出："将课堂教学与社会真实活动、语言学习和交流作为'任务'的形式融合在一起，使学习者能够在较真实的社会交往的情景中完成交流的特定目标，从而促进学习者本身语言使用能力的提高。"

早在20世纪80年代，江苏省木渎高级中学进行自主学习教改实验，要求教师备课时设计学生自学的任务，用于上课前了解学生的预习情况，以便在课堂教学中因势利导，进而拓展教学内容。这应该是任务单教学在我国教学中应用的雏形。2011年美国开始"翻转课堂（反转课堂）"的教学探索，翻转课堂也成为近年来风靡全球的教育教学形式。翻转课堂在我国推行实践过程中，任务单教学也日益与微型教学视频（微课）、翻转课堂教学方式紧密联系起来。

我校开展的任务单教学，将"任务单"定义为教师依据课程标准、教科书和学情，在充分备课、深入挖掘教材的基础上，从学生角度出发，设计并提供给学生进行自主、合作学习的"支架"性材料。任务单教学即在任务单指导下，学生展开自主学习并提出问题，进行以小组为单位的合作学习，在课堂上个人或小组汇报自己的学习成果，教师检查和深化任务单的学习，相机点拨、提升，从而完成学习任务，达成学习目标。

传统教学以教师的讲解、提问为主，教师"牵着"学生走，教案"牵着"教师走。任务单学习以学生的自学、汇报为主，学生遇到解决不了的问题可以向老师请教，真正体现出学生学习的主体地位。从学生的角度看，学生从传统教学中收获更多的是知识，在任务单学习中，学生收获更多的是学习能力。

三、任务单教学的价值意义

（一）体现学生的主体地位

任务单在阅读教学中的运用正是课改理念的体现，借助任务单，学生掌握了学习的主动权。这种教学形式激发了学生学习的兴趣，使整个课堂真正成为学生学习的舞台，有利于语文学科核心素养的培养。

在任务单的指引下，学生借助自主、合作、探究的学习方式，经历学习过程，深入地感悟文本。任务单在小学阅读教学中的独特之处在于，其巧妙地将教师确立的教学目标转换为学生可以理解的学习任务，将学生真正置于学习主人的地位，使学生明确学习要走到哪里，并提供给学生达到学习目标的方法，使学生知道该如何到达那里。

任务单专题教研的目的是促进学生自学意识和能力的提升。因此，来自于学生的反馈才是对专题教研最好、最有效的检验。在学校承担的济南市美术学科的"学科教学与德育渗透"和集团首届小学教师教学能手评比活动中，学生的课堂表现令人惊喜。借助任务单的学习，学生获得了课堂上的自信。济南市美术教研员张焕玉说："我到过济南市那么多学校听课，没有一个学校的学生能和齐鲁的学生相比，这样的课堂只有齐鲁的学生能呈现。"来自全省各地的教育专家、名师和教研员也对学生在课堂上的表现给予高度评价。

（二）促进教师专业成长

围绕着任务单教学，齐鲁学校已组织了四次教学年会，并持续进行语文专题的教学研究活动。一路走来，任务单不但实现了最初的目的——培养学生自学能力，形成小组学习团队，而且在促进教师专业成长方面也取得了明显的成效。

要制定一份有效的任务单并不是一件容易的事情，它要求教师在充分解读教材的基础上，制定准确的教学目标，再从教学目标中提炼出适合学情的、学生能够自学的部分进行任务单设计。正是在设计任务单的过程中，教师逐步提高了自身解读教材的能力。

而在教学实践中，教师需要了解学生任务单完成的情况，关注学生学习的起点，实现以学定教，再以任务单为抓手对教学过程中的难点、重点进行教学。在课堂交流汇报的过程中，教师要对学生的学习情况进行诊断、评价、总结和提升，这有利于教师课堂教学能力的提升。

同时，在任务单教学的研究过程中，老师们逐步具有了研究的意识，激发了自我发展的内驱力。学校通过开启课堂教学研究，引发了老师们多角度思考课堂教学、敢于尝试变革的新态势。学校借此契机，打造了教师成长共同体，推动教师在团队的裹挟中成长。

（三）顺应课程改革的发展趋势

课程改革要求推动学生学习方式和教师教学方式的转变，改变传统课程过于注重知识传授的倾向，强调在教学过程中培养学生形成积极主动的学习态度，教学过程不仅仅是获得知识与技能的过程，更是学会学习和形成正确价值观的过程。通过课程改革，实现"被动性、依赖性、统一性、虚拟性、认同性"的传统学习方式向"主动性、独立性、独特性、体验性与问题性"的现代学习方式转变。

任务单在教学中应用，顺应了课程改革的要求，无论是学习方式还是教学方式都是对课程改革理念的践行以及积极尝试。任务单教学研究既是遵循课程改革理念下的有意义探索，又为进一步深入的课程改革与课程建设提供了有价值的研究参考资料。

第二章　任务单教学的理论依据

一、基于"泰勒原理"的课程观

确定教育目标、选择教育经验（学习经验）、组织教育经验、评价教育经验——构成了著名的"泰勒原理"，又叫"目标模式"。任务单教学正是基于"泰勒原理"开展的教学活动。总体来说，"泰勒原理"的理论指导着任务单的设计过程、教学过程以及反思评价过程。

（一）"确定教育目标"对任务单教学的指导

泰勒认为教育目标是非常关键的，而任务单教学有着极强的目标意识。任务单教学的伊始，同其他教学形式一样，思考的最关键的问题就是确定教学目标。教学目标确立的内涵，既包括明确学习的内容，也涉及明确学习的方法、学习的程度。设计明确的、可操作的、可评价的目标是任务单设计的第一步。任务单设计、教学设计以教学目标为根据，任务单的使用服务于教学目标的达成。

（二）"选择教育经验"对任务单教学的指导

"泰勒原理"提出，确立教育目标之后的环节是选择学习经验。"学习经验"并不等同于一门学科所涉及的内容，也不等同于所从事的活动，而是指学生与环境中外部条件的相互作用。任务单中的任务以及补充材料既体现着学习目标，又是教师根据目标选取的，能够激发学生主动学习、形成经验的重要活动材料。

泰勒提出了五条选择学习经验的原则：

1.为了达到某一目标，学生必须具有使他有机会实践这个目标所隐含的那种行为的经验；

2.学习经验必须使学生由于实践教育目标所隐含的那种行为而获得满足感；

3.学习经验所期望的反应，是在有关学生力所能及的范围之内的；

4.有许多特定的经验可用来达到同样的教育目标；

5.同样的学习经验往往会产生几种结果。

任务单的设计遵循了这五条原则。任务单在教学中的使用，正是学习经验生成的过程。在任务单教学过程中，学生不是被动接受知识的容器，而是积极主动的参与者，教师要创设各种问题情境，用启发的方式，引导学生自主、合作探究问题，培养学生的创造思维能力、批判思维能力和合作交流能力，并帮助学生把新知识与原有知识进行有意义的建构。

（三）"组织教育经验"对任务单教学的指导

泰勒强调在组织教育经验时，应遵守三个准则：连续性、顺序性和整合性。连续性指直线式地陈述主要的课程要素；顺序性是强调每一后续经验以前面的经验为基础，同时又对有关内容加以深入、广泛的展开；整合性是指各种学习经验之间的横向关系，便于学生获得统一的观点，把自己的行为与所学的课程内容统一起来。

在任务单教学课堂中，遵循着这三条准则，任务单的使用力图不打破教学连续性的节奏，注重任务单学习内容检查、反馈，与文意理解、语言表达学习的有机融合，让任务单学习经验成为课堂学习的基础，节约课堂时间，精简教学内容，以便将更多的课堂时间用于促进学生思考、深化学习内容上。而整合性的准则也推动我们进行着从单课使用任务单到单元整体教学使用任务单的教学思考与实践。

（四）"评价教育经验"对任务单教学的指导

评价是查明学习经验实际上带来多少预期结果的过程。评价的目的，就是要全面地检验学习经验在实际上是否起作用，起了多少作用。同时，指导教师引起所期望的那种结果。而评价的过程实质上是一个确定课程与教学实际达到目标程度的过程。教育评价至少包括两次评估：一次在教育计划早期进行，另一次在后期进行，以便测量在这个期间发生的变化。

　　课前使用任务单，教师巡视任务单完成情况，课堂上学生根据任务单进行反馈交流，有利于教师更好地了解学情，明确学生的自学能力以及自学后的学习程度。从这种意义上来说，任务单的使用是一次有效的早期评估。泰勒认为，评价不应该只是一个单一的分数或单一的描述性术语，而应该是反映学生目前状况的一个剖析图，评价本身就是要让教师、学生和有关人士了解教学的成效。学生通过任务单进行自学，有效地进行合作讨论，反馈教学成果，便于教师有针对性地展开教学。所以，任务单正是不追求分数而旨在关注学情、辅助学习的"评价"材料。

二、基于"建构主义理论"的教学观

　　建构主义理论的内容很丰富，但其核心只用一句话就可以概括：以学生为中心，强调学生对知识的主动探索、主动发现和对所学知识意义的主动建构。阅读教学以任务单为抓手，推动学生联系新旧知识，通过已知学习方法探索新知，主动建构自己的学习体系。

（一）任务单教学彰显"建构主义学习观"

　　任务单彰显着教学目标，体现着教学内容。任务单先行于课堂，知识不再是由教师简单地传递给学生，而是学生根据自身能力完成任务单上的任务，对于每一课的基础知识，如字词的音形义，学生可以借助课本、工具书以及自己原有的知识经验进行学习，对这些新知识自主认识和编码，建构自己的理解；对于自学有一定难度的内容理解和语言表达等方面的内容，学生借助任务单提前进行了思考。课堂上，在教师的引导下，学生原有的知识经验将因为新知识经验的进入而发生调整和改变，因学习前的充分准备而实现更好的建构与理解。

（二）任务单教学遵循"建构主义学生观"

　　在没有任务单而直接呈现问题的课堂上，面对老师的提问，学生思考问题，联系旧知解决新知难点的时间相对仓促，课堂参与度比较低。

在任务单教学中，学习者对学习内容进行课前的自学准备，任务单中的问题促使学生提前建立日常生活经验、已学旧知与新知识之间的联系。在任务单的引领下，学生依靠他们的认知能力，形成对问题的解释，提出他们的假设，并在学习小组内进行初步的沟通和交流。在小组学习共同体中，珍视彼此差异这一宝贵的资源，并在认知差异中促进学生对新知识进行同化，进行有意义的合作分享。

在课堂教学中，教师与学生、学生与学生之间对一些共同的问题进行探索，在探索的过程中相互交流和质疑，学生的角色是教学活动的积极参与者和知识的积极建构者。建构主义教学比传统教学要求学生承担更多的管理自己学习的职责。

（三）任务单教学体现"建构主义教师角色定位"

建构主义理论提出，教师的角色是学生建构知识的支持者，教师的作用应从传统的知识的传递者转变为学生学习的辅导者，成为学生学习的高级伙伴或合作者。

任务单正是教师给学生提供的一种激励学生参与学习的任务与问题。在任务单教学过程中，教师创设良好的学习环境。在这种环境中，引导学生采用独立探究、合作学习等方式来展开他们的学习，逐步减少外部控制，提高学生控制学习的能力。

任务单教学中，教师旨在成为学生建构知识的积极帮助者和引导者，其作用是激发学生的学习兴趣，引发和保持学生的学习动机，创设符合教学内容的情境，提示新旧知识之间的联系，帮助学生建构当前所学知识的意义。为使学生的建构知识意义更为有效，在这一过程中，应尽可能地开展合作学习，组织讨论和交流，并对合作学习过程进行引导，使之朝有利于意义建构的方向发展。

三、基于"最近发展区"的认知发展理论

维果斯基认为，在测定儿童智力发展时，应至少确定儿童的两种发展水平：一种是儿童现有的发展水平，一种是潜在的发展水平，这两种水平之间的区域称为"最近发展区"。教学应从儿童现有的发展水平开始，不断创造新的"最近发展区"。设计任务单的理论依据即"最近发展区"理论。"最近发展区"理论也是支架教学①的理论依据。

任务单就是一种"支架"，它围绕当前的学习主题，按"最近发展区"的要求建立概念框架，将学生引入一定的问题情境。在这一过程中，由教师启发引导学生独立探索，进行小组协商、讨论。在共享集体思维成果的基础上，达成对当前所学概念比较全面、正确的理解，最终完成对所学知识的意义建构。

---

① 支架教学即通过支架作用不停地将学生的智力从一个水平引导到另一个更高的水平。支架原本指建筑行业中使用的脚手架，在这里用来形象地描述一种教学方式：儿童被看作是一座建筑，儿童的"学"是在不断地、积极地建构自身的过程；而教师的"教"则是一个必要的脚手架，支持儿童不断地建构自己，不断"建造"新的能力。

第三章　任务单教学的操作实践

一、任务单的设计策略

任务单设计是否恰当、准确、有效，是衡量教师备课程度及个人学科素养的重要指标，更是有效实施教学的关键。

（一）任务单的设计依据

1. 课程标准

课程标准反映了国家对每一个学段学生学习结果的统一的基本要求，是指导教师教学的纲领性文件，也是制定任务单的一个基本依据。《义务教育语文课程标准（2011 年版）》提出，义务教育语文阅读教学的总目标是："具有独立阅读的能力，学会运用多种阅读方法。有较为丰富的积累和良好的语感，注重情感体验，发展感受和理解的能力。能阅读日常的书报杂志，能初步鉴赏文学作品，丰富自己的精神世界。能借助工具书阅读浅易文言文。背诵优秀诗文240 篇（段）。九年课外阅读总量应在400 万字以上。"

课程标准还将小学六个年级分为三个学段，分别提出了学段目标。在学段目标描述中，知识与技能、过程与方法、情感态度与价值观三维教学目标相互渗透、融为一体。小学阅读教学分学段目标如下：

内容　＼　学段	第一学段 （1~2年级）	第二学段 （3~4年级）	第三学段 （5~6年级）
阅读态度	喜欢阅读，感受阅读的乐趣。		
阅读习惯	养成爱护图书的习惯。	养成读书看报的习惯，收藏图书资料，乐于与同学交流。	
阅读量	积累自己喜欢的成语和格言警句。 课外阅读总量不少于5万字。	积累课文中的优美词语、精彩句段，以及在课外阅读和生活中获得的语言材料。 课外阅读总量不少于40万字。	扩展阅读面。课外阅读总量不少于100万字。
朗读要求	学习用普通话正确、流利、有感情地朗读课文。	用普通话正确、流利、有感情地朗读课文。	能用普通话正确、流利、有感情地朗读课文。
默读要求	学习默读。	初步学会默读，做到不出声，不指读。学习略读，粗知文章大意。	默读有一定的速度，默读一般读物每分钟不少于300字。 学习浏览，扩大知识面，根据需要搜集信息。
精读学习要求　词句学习	结合上下文和生活实际了解课文中词句的意思，在阅读中积累词语。借助读物中的图画阅读。	能联系上下文，理解词句的意思，体会课文中关键词句表达情意的作用。能借助字典、词典和生活积累，理解生词的意义。	能联系上下文和自己的积累，推想课文中有关词句的意思，辨别词语的感情色彩，体会其表达效果。
精读学习要求　篇章学习		能初步把握文章的主要内容，体会文章表达的思想感情。能对课文中不理解的地方提出疑问。	在阅读中了解文章的表达顺序，体会作者的思想感情，初步领悟文章的基本表达方法。在交流和讨论中，敢于提出看法，作出自己的判断。
精读学习要求　标点符号学习	认识课文中出现的常用标点符号。在阅读中体会句号、问号、感叹号所表达的不同语气。	在理解语句的过程中，体会句号与逗号的不同用法，了解冒号、引号的一般用法。	在理解课文的过程中，体会顿号与逗号、分号与句号的不同用法。

续表

学段 内容		第一学段 （1~2年级）	第二学段 （3~4年级）	第三学段 （5~6年级）
不同文体学习要求	诗歌	诵读儿歌、儿童诗和浅近的古诗，展开想象，获得初步的情感体验，感受语言的优美。 背诵优秀诗文50篇（段）。	诵读优秀诗文，注意在诵读过程中体验情感，展开想象，领悟诗文大意。 背诵优秀诗文50篇（段）。	阅读诗歌，大体把握诗意，想象诗歌描述的情境，体会作品的情感。受到优秀作品的感染和激励，向往和追求美好的理想。诵读优秀诗文，注意通过语调、韵律、节奏等体味作品的内容和情感。背诵优秀诗文60篇（段）。
	叙述性作品	阅读浅近的童话、寓言、故事，向往美好的情境，关心自然和生命，对感兴趣的人物和事件有自己的感受和想法，并乐于与人交流。	能复述叙事性作品的大意，初步感受作品中生动的形象和优美的语言，关心作品中人物的命运和喜怒哀乐，与他人交流自己的阅读感受。	阅读叙事性作品，了解事件梗概，能简单描述自己印象最深的场景、人物、细节，说出自己的喜爱、憎恶、崇敬、向往、同情等感受。
	说明性文章			阅读说明性文章，能抓住要点，了解文章的基本说明方法。
	非连续性文本			阅读简单的非连续性文本，能从图文等组合材料中找出有价值的信息。

不同的年级、不同的学段，语文各项能力的学习要求不同。在设计任务单时，要参考本学段课程标准的要求，制定出符合学段目标的任务。学习任务不能超前于课程标准的要求，也不能滞后于学生的学习能力。

2. 教材

除了课程标准，教材也是教师制定教学目标和任务单的基本依据。教材中的单元导读、课文中的泡泡提示语、课后助读系统以及每个单元后的交流平台，都提供了有价值的线索。单元导读告诉我们单元主题及训练重点；文中泡泡提示语提示课文中的重难点；课后助读系统是帮助学生了解课时训练目标的好帮手；单元交流平台为学生学习后的合作交流、巩固提升提供了方向。

教师在设计制定任务单时，要以教材提出的单元训练重点、学习要求为依据，注重内容的前后联系，思考教材的编写意图，以保证任务单的信度和效度。

3.学生情况

任务单作为学生自主学习的抓手，要符合学生已有的学习水平和学习经验，所以教师必须对学生进行全面深入的分析，以真实的学情确定任务单各项内容。

第一，学生已有的知识基础。学生并非"白板"，而是有一定的学习经验作为学习新知识基础的个体。教师在制定任务单时，要充分考虑和把握学生已有的学习经验，并以此为起点，根据最近发展区理论，设计学生"跳一跳"就能完成的学习任务。

第二，学生现有的理解水平。任务单各项任务的表述是否明晰，是否符合学生的学段、心理特点，是关系到学生能否真正理解任务要求的重要因素。因此，任务单的制定要基于学生现有的理解能力。

第三，学生的生活经验。生活经验是学生在日常生活学习中积累起来的，对某些现象和事物的既定认知，这些经验认知能够辅助学生理解知识、完成任务。所以教师要结合学生的生活经验，运用学生能够接受的形式，设计任务单内容。

对课程标准、教材和学生的准确认知，是教师制定出合理、有效的任务单的重要依据，但不是制定任务单的全部依据。知识内容是否适合学生探究学习，课堂中教师与学生能否有效互动，教师自身解读教材的程度以及把控课堂的能力等等，都是教师制定任务单时要考量的因素。教学是此时此刻真实发生的艺术，这一过程中的人、事、物都有彼此的独特性，所以，教师只有深入全面地考量符合实际情况的教学背景，提高自身语文教学能力和专业素养，才能制定出科学、合理的任务单，才能保证任务单课堂的顺利实施。

（二）任务单的设计原则

1. 可操作性原则

任务单是教师设计并提供给学生进行自主、合作学习的"支架"性材料，其制定必须有明确的要求、具体的指向和现实的可操作性。如果任务单的要求表述过于笼统或模糊，学生就不能明确学习任务，也就不会进行深入的自主探索学习，进而影响任务单教学的正常进行。因此教师在制定任务单时，要根据课程标准、教科书、学生的实际情况等，以符合学生认知水平的表述方式，清楚明确地呈现任务内容。

2. 发展性原则

《基础教育课程改革纲要（试行）》强调："评价不仅要关注学生的学业成绩，而且要发现和发展学生多方面的潜能。"教学不仅要着眼于学生的现有发展，更应该着眼于学生的未来发展。因此，教师应改变传统的教学方式，引导学生独立学习，培养学生自主学习的能力，发展学生自主探究、合作交流等多方面的素质。

3. 科学性原则

任务单的制定要坚持科学性原则。针对小学不同的学段，教师要根据学生相应的年龄特征和发展规律，确定学生的"最近发展区"，制定出符合绝大多数学生发展水平的任务单。另外，任务单的制定要关注课程标准在不同学段的目标要求。以不同学段的朗读要求为例：第一学段要求"学习用普通话正确、流利、有感情地朗读课文"；第二学段要求"用普通话正确、流利、有感情地朗读课文"；第三学段要求"能用普通话正确、流利、有感情地朗读课文"。制定任务单时要根据课程标准的要求，科学地制定任务。

4. 适度性原则

任务单是面向全体学生的学习材料，而学生的学习基础和学习经验水平不一，因此教师要统筹考量，确保任务单难易适度。为此，教师在制定任务单时要全面解读教材，了解学情，制定出难易适度的任务单。一份难度适宜的任务单，既应该包含适用于全体学生都能达成的一般性任务，确保基本的教学目标的达成；同时也要包含符合学生"最近发展区"的发展性任务，满足学生进一步的探索学习，实现学生能力的阶梯式发展。

5. 灵活性原则

在任务单教学的研究和实践中，我们一直强调，任务单是有"个性"的，它的制定、实施，与教师个人解读教材的角度、程度以及教学目标的确定有密切的关系。因此，我们坚持，任务单的制定没有固定的模式，鼓励并倡导教师灵活制定真正适用于课堂教学的"独特"的任务单。

（三）任务单的设计维度

任务单中的任务主要从"学什么""怎么学""学到什么程度"三个维度进行设计。

1. 关于"学什么"

这一部分可以分为问题任务部分和资料补充部分。问题任务包括生字词学习板块、整体感知板块以及精读研读板块，而资料补充部分，顾名思义，以补充与课文相关的拓展资料为主，主要用于辅助学生学习课文内容，加深学生对文本的理解。

生字词板块呈现本课要求会读的词语、多音字以及需要学生理解的词语。这一板块设计要有层次性，遵循先会读再理解的顺序。教师需要树立词语分类呈现的观念，通过在任务单中引导学生对词语进行分类识记，可以使学生更好地掌握不同词语的词性，对于学生找近义词、反义词以及正确使用"的、得、地"都有帮助，还可以帮助学生高效积累具有特色的词语，例如"AABB式"、带反义词的四字词语等，便于学生在习作与口语交际中应用。

整体感知板块通过根据课文主要内容填空、列小标题、找中心句、找总起句等方法，使学生整体把握课文内容，疏通文本篇章结构，体会文章的写作顺序与脉络。

精读研读板块用一个或几个主问题引领学生展开对全文内容与情感的思考，引导学生自主探究、合作学习课文内容，为学习文本的语言表达打下基础。

　　资料补充版块内容主要是作者简介、相关知识背景介绍以及相关文本的拓展阅读资料。教师根据教学目标以及具体课例进行选择设计。补充资料可以加深学生对文本内容、作者写作风格的理解，引发学生对文章写作方法、表达方式的思考。

　　2. 关于"怎么学"

　　任务单中的每一项任务都应该有明确的学习方法以及完成任务需要达到的效果，如理解生字词可以通过查字典、联系上下文、联系生活实际等方法；掌握多音字需要通过查字典，明确多种读音，理解不同读音下字的意思，并能组词；理解课文内容与情感要把握关键句段以及补充资料。通过设计这些学习方法，能够帮助学生更加有效地学习，落实学习目标。

　　3. 关于"学到什么程度"

　　在任务单设计过程中，教师应该预设学生对各项任务的完成程度，并且在指导学生完成任务单、课堂反馈的过程中，不断地对任务单进行修改完善，提高任务单的使用效率。

二、任务单的使用策略

（一）任务单使用的流程

　　在任务单教学过程中，任务单可在课前、课中发挥作用，主要有三种流程：

　　第一种是课前教师把任务单发放给每个学生→自主学习→小组合作探究→以小组为单位进行成果展示→小组间交流，教师点拨→检测迁移应用。

　　第二种是课上小组领取任务单→小组合作学习→以小组为单位进行成果展示→小组间交流，教师点拨→检测迁移应用。

　　第三种是课中教师把任务单发放给每个学生→自主学习→小组合作探究→以小组为单位进行成果展示→小组间交流，教师点拨。

　　任务单的使用并没有一成不变的固定模式，它为学生的学习服务，旨在激发学生的主体意识，培养学生的自主学习能力和兴趣，提高学生的阅读水平。任务单可以贯穿于学生学习的整个过程，依据学生学习的需要而定。我们比较常用的是第一种形式，即课前将任务单发给学生，学生以任务单为指引自主学习；在学生充分自主学习的基础上，课堂中教师引导学生反馈自主学习成果，并指导学生针对重难点内容合作学习；在积极展开合作学习后，学生展示合作学习成果，教师依据学生学习情况及时进行查漏补缺；最后教师引导学生对学习成果进行总结，并激发学生继续学习的兴趣，拓展深化任务单内容。

（二）任务单教学呈现的课型

任务单在教学过程中的使用是灵活机动的，根据培养学生语文学科核心素养的要求以及语文教科书中以主题编排选文的特点，本校研讨出任务单教学的两种课型——单篇精读阅读课型和整合阅读课型。

1. 单篇精读阅读课型

单篇课文的任务单教学是最基本的一种课型，教学注重"一课一得"，找准语言文字训练的切入点，提炼出对学生最有价值的内容。同时，兼顾文本内容理解与文本表达方式的学习，把握低年级到高年级语文学习的不同侧重点。

2. 整合阅读课型

为了培养学生掌握阅读的方法和策略，提高学生的阅读能力，扩充学生的阅读量，我们利用任务单研讨出整合阅读课的课型，以弥补单篇精读阅读课型在阅读视野、阅读量上的不足。整合阅读课型既有在精读单篇课文的基础上"以文带文"的整合课，也有以单元为基本教学单位的整合课，还有在阅读课基础上研究读写联动的习作指导课。整合阅读教学不是把教学内容碎片化为知识点来处理，而是将教学内容进行有机的、模块式的组织与建构。

三、任务单教学的课堂组织与管理

（一）小组的组织与合作

"任务单"教学充分发挥学生的学习主动性，学生按照任务要求以组为单位展开交流、讨论，因此小组的有效组织与合作是实施"任务单"教学、有效提高课堂效率的前提之一。

1. 小组组建

一般来说，一个小组由4~6人组成，其构成主要考虑学生的能力特点，或将不同能力的学生组成一组，即异质小组；或将相同能力的学生组成一组，即同质小组。研究者发现，小学生更适合组建能力异质小组，能力差别很大的小组里的成员能展开更深入的思考，能给出并接受更多的解释，在讨论材料时能有更深远的见解。随着年级的升高，由于学生抽象思维能力、逻辑思维能力与语言能力的发展，能力同质小组越来越适合学生的合作学习。因此，考虑到学生的年龄特点及能力特点，我们一般按照"同组异质"的原则将学生分成若干四人组、五人组或六人组。每个小组委派一名学习能力与组织能力较强的同学担任组长，有的班级还会另外设置一名记分员、一名纪律监督员等。

在实际操作过程中，为避免因学习小组实力不均导致出现畏惧、懒惰心理，以及不敢竞争、不愿竞争等现象，组建学习小组时应本着"自愿结合、资质均衡"两条原则。在美国职业篮球联赛（NBA）中，为了不让强队和弱队的实力悬殊太大，美职篮规定，积分靠后的球队有优先的选秀权，也就是说弱队可以优先把表现出众的新人选走，补充自己的实力，从而使篮球比赛更加精彩纷呈。受此启发，可以让学生中综合成绩和能力比较突出的前10名同学在班内"选秀"。首先由10个组长的第十名开始"选秀"，然后依次由第九名、第八名……第一名的组长"选秀"，这样，每组都有了一名成员。然后再从第一名的组长开始选，依次到第十名的组长，如此反复直到最后一名同学被选完。这种方法也存在一些问题，如身高不协调等。但任何事情都很难做到绝对的公平，只要在分组中能发挥出学生的能动性，积极进行微调，尽可能做到和谐就可以了。比如前十名的学生要经过学生"公审"，如果多数人认为这10个人可以担当各个小组的领军人物就可以直接进行组建了。同时根据这10个人的身高把他们的位置先固定好，让他们根据自己小组的位置考虑小组成员的身高等因素。如果选完后还有不尽如意的地方，在经过学生同意的基础上，各个小组之间的个别人员可以进行微调。这样选出的小组，综合实力非常接近，而且是经组长自愿选出的，对于以后的管理也很有利，这样一来，小组实力不均引发的积极性不高的问题就彻底解决了。小组的实力平均是小组合作竞争的基础，只有在同一起跑线上出发，才能保证良性的竞争环境。

2. 小组协作

（1）小组成员的合理分工

组建小组之后，各个小组进行民主选举，分别推选出自己小组的组长、记录员和秩序员。组长负责小组的全盘工作，是整个小组的总负责人和总策划人，在平时的小组讨论、汇报时担当组织者的核心作用。秩序员负责小组的秩序，原则是思维可以活跃但纪律不能松散。记录员负责记录小组成员每天所得奖励，记录小组成员的成长足迹。在实施过程中，很多内向但认真的同学在此岗位上找到了自己的价值。

另外，要使学生明确，小组的组建有两个核心目的：共同讨论问题、帮助困难学生。教师应引导学生自主制定小组成员必须遵守的规则，所有的规则都应指向上面两个目的。小组的规则要鼓励提出问题者、鼓励讲题者、鼓励学习困难者、鼓励完成作业者、鼓励改错者、鼓励组长、鼓励优秀的集体……这些规则是根据小组的运行情况逐步建立、逐步完善的。需要强调的是，每个规则的提出，都需要小组内全部成员的认可。要让学生逐步成为规则的建立者。其实，这个过程也是教育的过程，只有在这样的过程中，他们才有主人翁的角色体验。小组的高度自治和成员的合理分工，体现了学生自我管理的能动性，尽可能地做到人尽其才，发挥出最高的效率。学生在这样的管理中得到了自信，收获了快乐。

（2）小组成员的有效合作

区别于以往以听讲为主的学习方式，学生在"任务单"学习方式中参与了学习的全过程。在这个过程中，教师应给予具体的指导，使小组成员之间的合作更加有效。学生主要有三个环节需要参与，首先就是利用任务单进行自学环节，其次是在自学的基础上小组长带领组内成员进行的合作学习环节，最后就是课堂上的汇报交流环节。在这三个环节中，都需要教师借助一些方法和策略对学生进行有针对性的培养。

第一步：自学环节，学生根据老师下发的任务单自主学习。低年级老师要特别注意培养学生的自学能力，到了中、高年级才能达到水到渠成的效果。为了训练学生更好地开展自学，从三年级开始我们对学生进行了做批注的训练，读到使自己感动的语句和词语，就要标注下来，并写下自己的感悟。这样他在自学时就有了方法，在课上汇报时也有话可说。

第二步：小组合作学习环节，小组长的培养很重要。组长除了需具备较好的自主学习能力外，还需具备召集组员按照任务单一步步学习的能力、组织组员依次交流的能力、调动组员积极参与的能力、总结小组讨论结果的能力，等等。因此，对组长的培养很关键。最有效的办法就是定期给小组长开会培训，充分肯定他们的工作，对于做得好的组长大力表扬，对于做得不够好的组长也不批评，而是让他们提出困惑，然后老师和其他组长一起给他出谋划策。定期开会不仅调动了组长的积极性，同时也帮助他们及时解决了出现的问题。为了培养每个班的领军学生，我们可以开展一系列特色活动，如中年级的演讲比赛、高年级的辩论会。通过层层选拔确定人选，这些学生表达能力强，积极大胆，勤于思考，能提出自己的见解并能根据别人的语言进行思考跟进讨论，能起到很好的示范和带动作用。组长培养好了，小组合作就能有效地组织起来。

第三步：课堂上的交流汇报环节，汇报、质疑、互动能力的培养是关键。在上一阶段，我们重点培养的是小组长的组织与协调能力，那么在这一环节则需要组内所有同学积极参与，还需要台上与台下的互动质疑、补充。这两方面也需要教师下功夫去培养，否则很容易使课堂成为少部分学生尤其是组长们的"天下"，很难实现"辩论式"的互动课堂，其他同学的参与程度与习得程度也很难得到保证。那怎样培养学生这种互动式、全员参与式的汇报能力呢？我们可以分阶段培养，第一阶段重点培养组内其他成员的交流能力，包括倾听的能力和发言的能力。学会倾听，当组内有同学发言时，其他同学要仔细听；轮到自己发言时，可以在前面同学的基础上发言，也可以发表不同意见。第二阶段重点培养小组之间的质疑、补充能力。这一阶段可培养小组成员走上讲台汇报学习成果，其他小组认真倾听，结合台上小组的发言进行提问、补充，台上同学若能回答则继续回答，不能回答可求助其他小组。在培养指导期间，一定要定期召开经验交流会和问题反映会，听取学生的建议，及时调整方向，扎扎实实地培养学生的自主学习能力。

（二）小组运行的评价机制

"任务单"教学改变了传统的单一的教师评价学生的方式，鼓励学生参与评价，对学生个体及学习小组展开自评与互评。学生先在教师指导下详细阐述一套用来评价其表现的标准，建立一套显示其优缺点的指标，然后学生借助这一标准和指标评价自身或他人的学习过程与成果，之后学生再根据评价结果制订计划来发展自己的技能和行为。

小组自评，是一种行之有效的评价方式。教师可以给学生留出时间，让小组成员就自己与他人一起学习的过程进行评价，分析小组成员在达到小组目标的过程中有效的行为与需要继续改进的行为；紧接着小组成员共同反思，明确对合作学习过程与学习结果有帮助的积极行为和消极行为；最后再对需要改进的地方提出具体建议，设定改善目标。

1. 评价原则

（1）发展性原则。"任务单"教学中评价活动的宗旨在于促进学生进一步的有效学习，体现学生的发展性。学生与教师在设计与实施评价时，要考虑到学习小组与小组成员的发展变化，要注重学生的发展趋势，要理解学生的差异发展和个性发展。通过评价，让学生看到自己的学习表现和学习结果与昨天相比出现了哪些变化。只有这样，学生才能够明确学习的努力方向，知道该怎样去做。

（2）客观性原则。评价的目的与内容不仅要明确，而且评价标准、评价措辞要力求准确、直观、合理、恰当，以确保评价的有效进行。

（3）激励性原则。以奖为主，以罚为辅。评价的目的是更好地激发学生的学习兴趣、合作意识、自主管理的热情和自觉性，所以采取尽量以激励性评价为主、必要时采取扣分的评价方式。

2. 评价方法

各班建立"小组捆绑式"评价机制。每个小组的建立，都遵循组间同质、组内不同质的原则，让各组的实力相对均衡。然后采用加减分的方式对每一课的学习汇报情况进行及时的评价。这个得分是小组共享的分，跟每个人都有关系，那些原本不太积极的学生会因为不想影响他人而努力，而那些优秀的学生也因为承担着一个组的组织任务而得到更多的锻炼和提升。

评价机制的建立可以根据各班实际情况来确定，以我校五年级评价机制为例：根据学生的发言情况分A、B两个等级进行评价，A级20分（小组成员每人都可获得20分），B级10分（小组成员每人都可获得10分），高难度问题可双倍加分。台下同学补充、质疑有效的，一次5分；高难度问题补充有效的亦可双倍加分。评价机制制定好了，就一定要在课堂上实施，而且要让学生接受这个评价，最好是师生共同评价，做到客观公正，否则学生会感到无所谓或不公平，进而影响学习积极性。

课堂发言与作业完成情况评价记录表　　　年　月　日		
	课堂发言情况	作业完成情况
组员1		
组员2		
组员3		
组员4		
备注	1. 小组汇报A级每人20分，B级每人10分。个人回答、补充有效的，一次5分。 2. 小组成员在规定时间内全部上交作业每人10分，小组成员在规定时间内全部改完错每人10分。个人作业获得A+一次20分，作业获得A一次10分。	

3. 激励措施

每节课的最后，各个小组统计本节课的小组得分，然后评出这一节课的优胜小组进行表扬。定期评选"周冠军小组""月冠军小组""学期冠军小组"，同时评选"周进步小组""月进步小组""学习进步最大小组"，给获得荣誉的小组颁发喜报，并给予奖励。这是大部分老师采取的激励办法。当然，也可以设置独具创意的激励办法，我们不妨从下面这位数学老师那里得到一些启发：

"四项奖励"与"三项注意"

四项奖励	当有以下行为并高质量完成时，将得到思考星的奖励	1. 做教科书上的星号题
		2. 做大本作业中的拓展方舟题目
		3. 为别人分析思考题或者拓展方舟题，并使对方深刻理解、掌握
		4. 个别题目的特色展示
	当有以下行为并高质量完成时，将得到最佳作业的奖励	1. 家庭作业没有错误
		2. 一节课中的所有练习没有错误
		3. 担任负责人次数在组内最多
		4. 承包有困惑学生的问题作业，并通过验收
	当有以下行为并高质量完成时，将得到最佳思考星的奖励	1. 兴趣小组成员家庭、练习全对
		2. 兴趣小组成员承包有困惑学生作业，并通过验收
		3. 有突出贡献
	当有以下行为并高质量完成时，将得到各种个性荣誉称号的奖励	1. 神算子：一周内的口算作业没有一点错误，全部是满分
		2. 文曲星：一周内的家庭作业全为最佳作业
		3. 纠错王：及时改错，双色分析清楚、深刻、整洁，没有遗漏
		4. 黑马：各个小组中进步幅度大，成绩最突出
		5. 周状元、周榜眼、周探花： 一周内最佳（2分）+思考星（1分）积分最高的前三名同学

四项奖励的制定让学生们的热情更加高涨起来，无论是平日的练习还是作业，更多的同学开始追求精益求精，学习潜力得到进一步的挖掘。奖励的力度对于学困生有所倾斜，学困生开始敢于表现。对于奖励的收集也非常简单，如果谁受到了奖励，请自己按照四项奖励的标尺报给自己组的记录员，如果当天没有及时报给记录员，奖励将无效，这样做既简化了收集的过程，又避免了很多琐碎的工作。

三项注意	如有以下情况发生，当事人将在课前为大家唱一首歌	（学生自己制定哪些情况属于此项） 一周内累计有2次出现的同学直接看下一条
	如有以下情况发生，当事人将在当天放学前做一件好事	（学生自己制定哪些情况属于此项） 一周内累计有2次出现的同学直接看下一条
	如有以下情况发生，协同家长找到原因	（学生自己制定哪些情况属于此项）

学生们把已经出现的若干问题，经过讨论协商，分别填到相应的条款下。如果新出现了原先没有记录的问题，可在讨论协商后将其添加到相应的条款下。当同学们出现了"三项注意"内记录的问题时，按相应的"惩罚"措施处理即可。在实施过程中，学生们把"不及时改错"归到了第一项注意中，结果几次学生课前唱歌，既调节了课前的气氛，而且真正起到了善意批评的作用。经过一段时间的运行，学生们已经基本上做到了当天的错误当天改完。关于"漏写作业"的问题，学生们归到了第二项注意中，并有详细的好事记录本。做好事的原则是：优生可选择辅导学困生，以最后学困生学习的效果作为完成与否的标准。学困生可选择体力劳动，也可选择每天提出多少个有价值的问题作为补救的措施。用做好事来代替说教式的批评，既没有打击学生的积极性，而且又让学生感受到了自己的价值，同时也起到了批评教育的作用。学生们把一些态度上的错误归到了第三项，如不写作业、不带作业本等等，这些的确需要跟家长沟通并找到原因所在。"三项注意"实施以后，的确起到了自我监督、自我约束、自主教育的作用，很多让老师头疼的琐碎工作，学生们自己解决了，而且在实施过程中，学生们犯错误的现象越来越少，这说明学生们在自我约束和自主教育中找到了乐趣，找到了更易接受的方式。"三项注意"的实施让原来那些琐碎的工作也变得可爱、有趣起来，既融洽了师生关系，又让学生们在自主教育和自我约束中不断成长。

（三）教师在课堂教学中的作用

"任务单"自主学习方式以学生的讨论、汇报、补充为主，课堂上，学生以小组为单位争相上台汇报，台下同学认真倾听，加以补充。学生真正成为学习的主体、课堂的主人，那课堂上教师的作用体现在哪里呢？

1. 教学节奏的掌控

教师要对课堂每个环节的时间及节奏进行掌控。学生经过自学和小组交流想跟大家汇报的内容很多，但是课堂时间是有限的，这就需要老师对教学重难点与非重点的时间分配作出安排，课堂节奏要合理掌控，才不至于完不成课堂教学任务或者让课堂过于拖沓。

2. 教学进程的推进

教学进程的推进与任务单的内容相辅相成，具体的教学进程如下：

环节一：导入

教师根据单元主题或是课文内容导入新课，激发学生的学习兴趣与阅读期待。

环节二：检查学生字词的学习情况、课文朗读与整体感知

对学生的字词学习情况进行检查，包括对易错字词的认读、难词的理解与听写，再由字词的学习过渡到句段篇的朗读检查，在朗读的基础上整体感知课文的主要内容。以人教版语文教科书五年级上册第六组"父母之爱"单元整合的教学为例，任务单中关于字词部分的学习任务如下：

◇读准下面的字词，给加点的字注音。通过联系上下文或查字典、词典的方法理解画线词语的意思。先自学，然后小组内互相检查下面的词语。（略）

◇会写"洛杉矶、混乱、昔日、废墟、阿曼达、疾步、爆炸、瓦砾、砸伤、颤抖、糟糕、巴迪、搂住、自豪、誊写、位置、公司、奇妙、出版、慈祥、歧途、谨慎"这些词语，自学后，组长给组员听写，互查，修改。注意写字要正确、规范。

与以上学习任务相对应的教学设计如下：

课前同学们已经按照任务单自学了，字词掌握得怎么样呢？哪个小组想来接受我的检查？请上台。其他同学仔细听，看他们有没有读错的。

学生汇报，老师补充：

◇这里有个多音字"龟"，在这里读什么？"龟裂"是什么意思？你发现

这一组词都是描写什么的？齐读这些词语。

◇"聊胜于无"，什么意思？学生交流。那"按图索骥"呢？出示词典中的两个解释，根据语境选择合适的意思。

◇听写四个词。请两位同学上台写。（废墟、瓦砾、慈祥、谨慎，后两个词根据意思听写）交换互查，改错。

这一环节主要落实字词的认读、理解与书写这一教学目标，学生完全有能力通过自学或小组合作学习掌握这些字词，所以，这一环节教师主要起到检查预习的作用，在此过程中纠正、指导，并对学生的自学进行评价。

环节三：精读感悟

学生在自学任务单的时候围绕任务单的中心问题进行批注式阅读，课上给学生5到7分钟的时间，以小组为单位进行合作学习，进行以小组长为主导的讨论交流，学生分别表达自己的观点，组内形成比较一致的观点，然后对汇报进行分工。在合作学习完成后，以小组为单位进行汇报交流，教师相机点拨、提升并指导学生有感情地朗读。

以人教版语文教科书五年级下册第七组课文中的《临死前的严监生》一文的教学设计片段为例：

◇小组合作学习任务单的第三项：读课文，用一个词概括严监生给你留下的印象，并做批注，在文中画出相关语句，结合语句谈谈自己的体会。

◇小组汇报交流，其他小组补充、评价。

（预设：吝啬、爱财如命等。）

◇追问：理解"吝啬"的意思吗？课文中的哪些描写使你感受到了他的吝啬、爱财如命？结合相关语句谈谈自己的体会。

（预设：学生通过组内汇报、组间补充等方式，能够抓住描写严监生的句子，感受他爱财如命、吝啬的特点。）

根据学生汇报的句子相机渲染：

句子一：严监生喉咙里痰响得一进一出，一声不倒一声的，总不得断气，还把手从被单里拿出来，伸着两个指头。

学生交流后，老师小结：严监生伸着这两个指头是有特殊含义的，他牵挂的是什么啊？谁能想到他牵挂的竟然是两茎灯草啊！因为这两茎灯草，心疼得难以瞑目啊！老师在阅读《儒林外史》的时候发现严监生不是一般的有钱呢！

出示：严监生家私豪富，足有十多万两银子，在县城里还有铺面二十多间，钱过北斗，米烂成仓，僮仆成群，牛马成行……老师小结：他就是富豪啊！临死前竟然牵挂那两茎灯草，真是太吝啬了！

句子二：他就把头摇了两三摇。

（预设：学生抓住"摇了两三摇"体会到严监生内心只有对两茎灯草的挂念。）

老师小结：严监生此时心里或许会想：不对啊！你们没有猜对我的意思。

句子三：他把两眼睁的滴溜圆，把头又狠狠摇了几摇，越发指得紧了。

（预设：学生通过汇报、补充，基本上能够抓住"滴溜圆""狠狠""越发指得紧"，体会到他内心的焦急。）

追问：此时，严监生心里可能会想什么呢？

（预设：学生发挥想象，体会严监生此时的心理活动。）

老师小结：二侄子也不明白他的想法，此时的他真是心急如焚啊！

句子四：他听了这话，把眼闭着摇头，那手只是指着不动。

（预设：学生能够抓住"把眼闭着""指着不动"体会到严监生的绝望。）

老师小结：哎！怎么还不明白呀！没人能理解他，此时的严监生，把眼闭着摇头，他心里只有——绝望！

句子五：众人看严监生时，点一点头，把手垂下，登时就没了气。

（预设：学生能够抓住"登时"一词感受到严监生的爱财如命。）

老师小结：严监生终于放心了，不用再挂念那两茎灯草了。

这个版块的教学与任务单的第三题相对应，学生课前借助任务单进行了自主学习，并通过批注式阅读生成了自己对严监生这个人物形象的认识与理解，老师的渲染与资料补充，点化了主旨，丰富了吝啬的内涵，引导学生通过人物的动作与神态感受人物内心，使严监生这一吝啬鬼的形象更加鲜明。

环节四：拓展迁移

为了提升学生的语文素养，教师选择并合理利用能与之整合的阅读材料，对学习目标进行有效的迁移与训练，并在任务单上予以呈现。以人教版语文教科书三年级上册第五组课文中的《盘古开天地》一文的教学为例，在精读感悟之后，学生感受到盘古开天地这一神话故事的神奇，任务单的最后一题为学生提供了拓展迁移的训练：读神话《上帝创世》，画出其中让你感到神奇的地方，多读几遍。

学生运用学习中国古代神话的方法，再去感受西方"创世神话"的魅力，教师相机总结提升。这样一个环节的设置，是对学生是否已经掌握了这一阅读方法的一个检测。如果说《盘古开天地》一文的教学是教师扶着学生学习，那阅读《上帝创世》就是一个半扶半放的训练。

（四）学习过程的引导

1. 适时切入，点拨引导

在实际的操作中，还存在这样的问题，即在学生汇报时，教师怎样适时地切入、点拨、引导？这很难把握：学生在进行一连贯的汇报时老师不忍心打断，可是学生把所有自己理解的都汇报完之后，却错过了我们希望重点关注的一些点，老师再从头开始引导，等于又退回去了。很难实现老师引导和学生汇报的很好的对接。经过多次尝试，我们决定在学生汇报到知识重点的时候老师就相机切入，进行生生补充、师生的讨论追问，以达成学习目标。这个时机的把握，就需要老师高度集中注意力，仔细倾听学生发言。

以人教版五年级下册《杨氏之子》一课为例，在落实"借助注释或通过联系上下文、查字典等方法理解古文的词句，了解课文内容"这一教学目标时，学生首先借助任务单进行自学，然后在课堂上以组为单位汇报学习成果，教师适时切入，点拨引导，请看下面的课堂实录片段：

师：这是我们第一次学古文，意思弄明白了吗？给各小组2分钟时间准备，一会儿请小组上台汇报。（请最先举手的小组上台汇报）

生1：下面由我们三组来汇报自学成果。第一句"梁国杨氏子九岁，甚聪惠"，"甚"意思是"很"，"惠"的意思是"聪明"，同"慧"。整句话的意思是梁国有一户姓杨人家的儿子，九岁了，很聪明。

师：这是他们对第一句话的理解，没问题吧？同学们看，这句话只有10个字，却包含了丰富的信息，先后交代了这个孩子的家乡、姓氏、年龄、特点，古文语言就是这样简洁精练。好，请你们小组接着说。

生2："孔君平诣其父，父不在，乃呼儿出。为设果，果有杨梅"，"诣"是"拜见"的意思；"其"是"他"，这里指杨氏子；"乃"的意思是"于是"，"设"的意思是"摆上"。这两句话的意思是孔君平拜见他的父亲，可是他的父亲不在，于是就把杨氏子叫出来，杨氏子为孔君平摆上水果，水果中有杨梅。

师：台下同学有不同意见吗？

台下：这里应该是孔君平为杨氏子摆上水果，而不是杨氏子为孔君平摆上水果。

师：哦，有不同意见。其他同学同意谁的意见呢？

台下：我同意台上同学的回答，我理解的也是有一天孔君平拜见他的父亲，可是父亲不在，孔君平就把孩子叫出来，孩子为孔君平端来了水果，水果中有杨梅。

师：这里最难理解的要数这个"为设果"了，到底是谁为谁摆上水果？对，是杨氏子为孔君平摆上了水果。这说明这个小孩子很有礼貌呀，客人来了，摆上水果招待客人。刚才这位同学，现在明白了吗？同学们，古文中这种依托前后文，省略某些语言的现象很常见。比如这句，"孔指以示儿曰"，孔指（　　）以示儿？

台下：孔指杨梅以示儿。

师：看来你读懂了这篇古文！请台上小组接着来汇报吧。

生3："孔指以示儿曰：'此是君家果。'儿应声答曰：'未闻孔雀是夫子家禽'"，示：给……看；曰：说；应声答曰：马上回答说；未闻：没有听说；夫子：您；禽：鸟。

师：这两句话要解释的词很多，台下同学有疑问或补充吗？

台下：我还知道"夫子"在古代是对学者的尊称。

师：了不起！在文中"夫子"是对谁的尊称？

全体：孔君平。

师：夫子，在这里我们可以理解为"先生您"。

生3：这两句话的意思是孔君平指着杨梅对杨氏子说："这是你家的水果。"杨氏子听了马上回答说："没有听说孔雀是您家的鸟。"

师：台下有不同意见吗？

台下：没有。

师：**那我有个小建议，注意"示"这个字，意思是"给……看"，这个"看"要说出来，我们可以这样说——孔君平指着杨梅给杨氏子看，说："这是你家的水果。"我们还要注意"家禽"这两个字，我们现在说的"家禽"指的是什么？**

台下：指的是家里养的鸡、鸭、鹅等。

师：**孔雀是家禽吗？不是。这里的"家禽"其实是两个词，"家"和前面的"夫子"连起来，"夫子家"就是您家，"禽"是鸟。所以，"未闻孔雀是夫子家禽"意思是——没听说孔雀是孔先生您家的鸟。**

从三处加黑字体的教师语言中，我们可以看到，当台上与台下同学发生意见冲突时，基本上也就是学习难点出现时，教师恰当捕捉时机一起参与到课堂"争辩"中，不仅使学生明确哪一方的观点是正确的，而且进一步点拨引导，使学生弄懂了文言文中的省略现象、单字成词现象等难点问题。当台上与台下都没有发现汇报交流的"漏洞"时，教师适时切入，以"我有个小建议"的方式加以补充，使学生明确自学遗漏点。这样才是师生共同参与的有效的汇报交流，也彻底转变了以往教师单纯传授知识的方式，真正体现以学定教的理念。

2. 架起桥梁，引发互动

教师应在学生与学生中间架起"对话"的桥梁，进一步促进生生互动。在言语互动过程中，教师可通过关于事实性知识的提问。如，"对于此点，你还有什么要说的？"通过诊断性知识的提问，如，"刚刚这位同学的回答，是对的还是错？"通过质疑性提问，如，"为什么？"等引出学生的回答或反馈，从而引发讨论与互动。这样，课堂上才能形成"多向对话"，甚至会产生一次辩论，这样的课堂才是生动的课堂。

　　研究表明，学生在面临其他学生的提问或质疑时，更有可能认识到自己与他人观点的差异，更能激发好胜心，于是会更多地提取自己的知识，积极调动思维，澄清、完善、重组自己的观点。因此教师提问应尽可能指向更多的学生，让他们呈现自己的观点，质疑其他同学的观点。这些提问可以以"支持或反对"的形式出现，如，"你同意他的观点吗？为什么？"提问也可引发学生更多思考，如，"有没有同学有不同的观点？""有哪位同学和他的观点不一样？"。此外，小组讨论不一定是以冲突的形式出现，它也可以是师生间、学生间对某一问题的彼此合作，共同解决。研究发现，个体在合作解决问题时，往往比独立解决问题时更容易认识到问题的不同特征，更容易建构知识间的联系。因此教师有必要通过提问，尽量让每一位学生参与到讨论中。教师提问，可以让学生在之前回答的基础上进一步深入思考，如，"谁能在刚刚同学的发言上再推进一些，再完善一些？"教师提问也可让学生进一步解释前一位同学的回答，如，"谁能解释刚才同学的意思？""谁能再用自己的语言来解释一下刚才同学的观点？"

　　在前面《杨氏之子》课堂实录片段中，教师的这些语言——"台下同学有不同意见吗？""哦，有不同意见。其他同学同意谁的意见呢？""这两句话要解释的词很多，台下同学有疑问或补充吗？"在课堂上有效地架起了一座互动的桥梁，使台上与台下同学能够充分发表自己的见解，产生思维的碰撞，生发"争辩"，这样才会有真正的学习。

　　3. 总结提升

　　老师要在学生汇报、相互补充之后进行相应的总结提升。对学生通过合作还解决不了的问题要进行指导，促其提升。这就要求教师在备课时要有充分预设，要明白哪些内容是学生已经掌握的或能够通过自学掌握的，哪些是学生没有接触过的，哪些是学生学习起来比较困难的。只有对学生的已知、未知和难知领域有了细致的分析和准确的把握，才能及时对学生的汇报作出总结与提升。另外，还要坚持一个原则：学生能说出来的，老师不说；学生说不出来的，老师要给学生以梯子、抓手，降低难度，帮助学生理解并将其表达出来。

此外，还应该避免把语文课上成"问题课"，这需要在恰当的地方进行铺垫、打结和提升。铺垫是老师根据情况给学生引领，指导学生研究的方向；在学生汇报自己的认识时，老师打结就是把一个小组生成的认识扩展到全班，形成全班的共识；提升就是帮助学生将认知提升到一个更高的层次，绝不能停止在学生的认识水平上就结束了。

我们来看人教版五年级上册《七律·长征》中的两个课堂实录片段：

片段一：

师：同学们，间隔号后面的"长征"是这首诗的题目，那你们对长征又有哪些了解呢？哪个小组来汇报？好，请你们组。

生1：我们两个代表6组来汇报，我先说一说对长征的了解。1934年10月，中央主力红军为了摆脱敌人的围剿，进行长征，其间经过11个省，翻越18座大山，跨过24条大河，走过荒无人烟的草地，于1935年10月到达陕北，红军胜利会师。

师：那这一连串的数字，"经过11个省，翻越18座大山，跨过24条大河"，带给你什么样的感受？

生1：我觉得红军长征途中是很艰难的，他们既要面对前面的困难，还要提防后面的敌人，很多时候是在生死线上与敌人奋战。

师：我也深深感受到了这种艰难，还感觉到了红军那顽强的毅力，有没有？

生2：我读了《金色的鱼钩》这个故事。它是发生在长征途中一个非常真实的故事，文中讲"我"和两个小战士掉队了，一位老班长照顾着我们，他经常在荒无人烟的草地为我们做鱼汤，鼓励我们走出大草地，但是他却一天天消瘦下去，最后不幸牺牲。从这个故事中我感受到长征非常艰难，红军勇敢无畏的精神非常值得我们学习。台下同学还有补充吗？

台下：我补充一点，它是第二次国内革命战争中中国工农红军主力从长江南北向陕北根据地进行的战略大转移，1934年10月开始，1936年10月结束，历时两年，行程两万五千里。

师：看来大家通过自学对长征已有了初步了解。同学们，看屏幕（课件演示），1934年，国民党军队向根据地发起进攻，由于党内一些领导人作出错误的判断，我军战败，红军被迫转移。1934年10月，他们从江西瑞金出发，一路西行，过五岭，跨乌蒙，巧渡金沙江，飞夺泸定桥，走过人迹罕至的茫茫草地，跨越终年不化的大雪山，终于在1935年10月到达陕北。红军就是这样靠着自己的双脚，顶着敌人的枪炮走完了这两万五千里长征。毛主席回顾走过的路程，心潮澎湃，挥笔写下《长征》一诗。

这一片段的最后部分便是教师的"总结"，前面学生汇报的是自己基于所查找的资料，对长征的一个初步认识，最后教师的这段话便是在学生汇报基础上的对长征这一历史事件的总结介绍，深化了认识，也为后面的学习做好了铺垫。

片段二：

师：同学们，五十六个字描写了一段历史，展现了一幅幅画面。两万五千里长征可谓困难重重，接下来就让我们一起品一品这首诗。之前同学们已经结合任务单进行了自学与交流，哪个小组来汇报你们的学习成果？好，请你们组。

生1：我们重点来汇报颔联的学习收获，我汇报的是"五岭逶迤腾细浪"这一句，我抓住了"逶迤"这个词，在词典中它的意思是弯弯曲曲、连绵不断的样子。所以我理解这句诗的意思是红军在过连绵不断的五岭的时候就像过细小的波浪一样，在他们眼中，翻越五岭是微不足道的。

生2：现在由我联系资料来解释一下"乌蒙磅礴走泥丸"的意思。我抓住了"磅礴"这个词，它的意思是山势高大险峻。这句诗的意思应该是乌蒙山高大险峻，但是在红军眼里翻过它就像走过小泥球一样，微不足道。在乌蒙山曾经发生过非常著名的战役，叫"乌蒙山回旋战"。它发生在1936年，2月的乌蒙山天寒地冻，渺无人烟，红军在那里买不到粮食，国民党的围剿更使红军的处境雪上加霜。他们同国民党军队在乌蒙山里面周旋辗转近一个月，国民党的包围圈越来越紧，红军可周旋的地方也越来越小。但最后他们在贺龙的指挥下，巧妙突围，打破了国民党重兵围歼的计划。

师：这个资料的补充，让我们对长征的艰难有了更深的认识！

生3：我来谈谈在毛泽东的诗句里是怎样描写这些艰难险阻的。"五岭逶迤腾细浪"这一句，毛泽东用了比喻的修辞手法，把红军过五岭比作踏细小波浪一样简单，我从"腾细浪"这个词语中体会到他们毫不退缩、勇往直前的精神。

师：发现了比喻的修辞手法，不简单！

生4："乌蒙磅礴走泥丸"这一句也用了比喻的手法，把乌蒙山比作泥丸，翻过它就像走过泥球一样，我从中感受到毛泽东与红军战士乐观的心态，他们不畏艰难，勇往直前。

生1：我还想补充一下，红军就凭着自己的双脚走过了两万五千里的路程，这是非常非常不容易的，可以说，祖国的山山水水都留下过他们的足迹，留下过他们英勇奋战的足迹，留下过他们跋山涉水的身影，他们遇到困难的时候是抱着乐观的心态面对的。他们从来没有退缩过，他们也不能退缩，因为他们后面有老百姓，有人民，他们跟随着毛泽东这位伟大的领袖，一直冲在最前线，保护着人民和老百姓。（台下掌声响起）

师：体会得非常深刻！我惊叹于你们的自学能力，能有这样的体会真的很了不起！

生1：七组汇报完毕，请大家补充。

台下：你们汇报得非常好，不过我觉得你们应该解释一下"五岭"是指哪五岭？再联系资料说说红军过五岭的艰难。五岭呢，是越城岭、都庞岭、萌渚岭、骑田岭、大庾岭的总称，位于湖南、江西、广东、广西四省边境。红军在这里一走就是两个多月，冲破敌人的重重封锁，不知道有多少战士牺牲。

生1：谢谢你的补充！

师：其他同学还有补充吗？（学生感觉已经汇报得很全面了）那我还有个疑问："逶迤""磅礴"两个词都是形容山的样子，它们的位置能互换吗？

生：我觉得不能互换。因为"逶迤"的意思是弯弯曲曲、连绵不断。这里的五岭是五座山，绵延千里，用"逶迤"形容比较准确；而乌蒙山只是一座山，所以它不可能是连绵不断的，不能用"逶迤"这个词来形容。

师：而"磅礴"的意思是山势高大险峻，可以用来形容乌蒙山的样子。从这里我们可以看出毛泽东在诗句里用词是多么准确生动。

这一片段的最后部分可以说是教师的"提升"。前面学生已经借助任务单进行了充分的自学，体会得也比较到位，但是学生在诗歌的语言表达上只找到了诗人运用比喻的修辞手法表现红军的大无畏精神和革命乐观主义精神，没有看到诗人用词的准确。所以当学生们已经感觉汇报全面没有什么可补充的时候，教师通过一个问题加以提升——"逶迤""磅礴"两个词都是形容山的样子，它们的位置能互换吗？学生豁然发现毛泽东对词语的推敲运用是多么考究，同时也进一步深化了对"逶迤""磅礴"两个词的理解。

4. 肯定表扬，激情点燃

研究发现，学习过程中经常出现的情绪是困惑、焦虑与喜悦。与学习有正相关的情绪、情感是喜悦和困惑，前者能让学生保持学习投入，后者则能让学生意识到自己缺乏对特定知识的完整理解，从而促进学生回忆已有知识，翻阅书本，请教他人。课堂上，教师应当积极回应学生的言语，当学生回答正确时，应给予积极的肯定的反馈与奖励，以增加其自我效能感。如前面提到的《七律·长征》第二个课堂实录片段，教师在学生汇报之后，及时给予肯定表扬，"发现了比喻的修辞手法，不简单！""这个资料的补充，让我们对长征的艰难有了更深的认识！""体会得非常深刻！我惊叹于你们的自学能力，能有这样的体会真的很了不起！"也就是说，教师要特别善于做一个好的倾听者，做一个激情点燃者。当发现学生汇报的闪光点时，教师要发自内心地去表扬他们，表扬他们的精彩发现与汇报，肯定他们小组的共同学习是很有成效的。学生会在我们的鼓励中越来越自信，学习也会越来越有劲儿。

参考：

《有效小组合作的22个案例》，胡庆芳、杨翠荣等编著，华东师范大学出版社。

中 篇

任务单教学案例

——"知之愈明，则行之愈笃；行之愈笃，则知之益明。"老师把自主探索的空间给了学生，让学生学会自己往前走；把话语权给了学生，让学生学会自由地表达思想；适时把梯子架给学生，让学生自己学会去攀爬。

第一章　单课教学案例

《赵州桥》教学设计

【设计理念与思路】

本篇课文是三年级上册第五组的第三篇课文。本组课文以"灿烂的中华文化"为主题，课文从多个侧面展示中华传统文化的博大精深，加深学生对祖国传统文化的热爱和民族自豪感。

《赵州桥》是一篇关于中国传统优秀建筑的说明性的课文，向我们介绍了赵州桥的雄伟、坚固和美观的外形特点，而且说清楚了赵州桥设计的独特和好处，赞扬了古代劳动人民的智慧和才干。课文语言准确、简练，又不乏生动。其中使用了"这座桥不但坚固，而且美观"这一过渡句，这是学生第一次接触过渡句的知识，可以初步引导学生感受过渡句承上启下的作用。

在本课中，关于赵州桥雄伟、坚固的特点以及赵州桥的独特设计是课文理解的重点，关于过渡句的学习是语言表达训练的重点。本课使用课前任务单学习本课生字词；给予学生抓手整体感知课文内容，理清文章脉络；通过资料袋帮助学生理解赵州桥"坚固"的特点，为感受赵州桥设计的"创举"奠定基础；引发学生对"过渡句"作用的思考。同时使用课中任务单，提供赵州桥上三张栏板的图片，使学生感受桥的美观，结合图文，指导背诵。

【学习目标】

1. 通过自主识记、组内听写的方式会写"县、设、参"等14个字，正确读写"雄伟、坚固"等词语。

2. 正确、流利、有感情地朗读课文，读出桥的雄伟、坚固与美观，读出对古代劳动人民的赞颂之情。

3. 通过抓住关键词、结合背景资料的方法，观看图片，感受赵州桥的雄伟、坚固和美观，体会古代劳动人民的智慧与才干。

4. 学习过渡句，体会过渡句的作用。

5. 结合图片，小组合作背诵第三自然段。

【任务单设计】

一、认读下列词语，读准字音。通过查字典的方法理解"创举"的意思。

赵县　石匠　创举　智慧　安济桥　前爪　砌成　横跨　雕刻　抵着

以下两个多音字，我还可以通过查字典，知道它们的其他读音，并组词。

"济"还读（　　　），组词（　　　）。

"爪"还读（　　　），组词（　　　）。

二、在课本上给本课要求会写的生字注音组词，并观察字的结构。

三、这篇课文为我们介绍了赵州桥，默读全文，填写下面的图表，说一说赵州桥是一座怎样的桥。

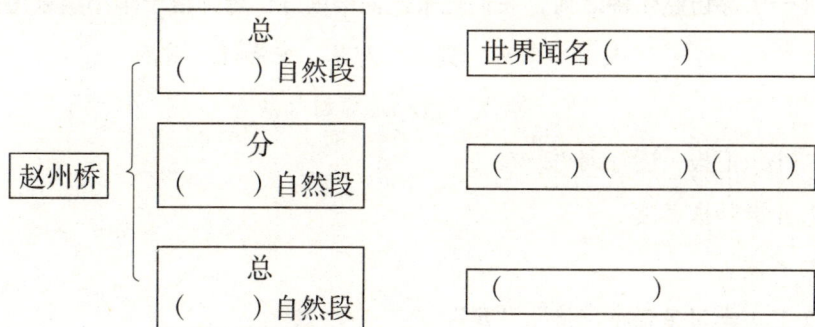

```
                  ┌─────────────┐        ┌──────────────────────┐
                  │     总       │        │  世界闻名（    ）      │
                  │（  ）自然段   │        └──────────────────────┘
            ┌─────┤─────────────┤
            │     │     分       │        ┌────┐┌────┐┌────┐┌────┐
 ┌──────┐   │     │（  ）自然段   │        │（  ）││（  ）││（  ）││（  ）│
 │赵州桥 ├───┤     └─────────────┘        └────┘└────┘└────┘└────┘
 └──────┘   │     ┌─────────────┐        ┌──────────────────────┐
            └─────┤     总       │        │（          ）          │
                  │（  ）自然段   │        └──────────────────────┘
                  └─────────────┘
```

四、默读第二、三自然段，结合关于赵州桥的小资料，你知道赵州桥如何雄伟？为何坚固？又美观在哪里吗？画出相应的语句，在课文旁边写下你的感受。

〔赵州桥极其雄伟、坚固，被誉为"天下第一桥""世界奇迹"。它没有桥墩，仅用简单的石头砌成了当今世界上跨径最大的单孔石拱桥；它采用敞肩拱（大桥洞左右两边各有两个拱形的小桥洞）的形式，排泄洪水，减少冲击力，这一创举使这座古桥历经一千四百多年的风雨仍毅然不倒，使它经历10次水灾、8次战乱和多次地震仍巍然挺立，也使赵州桥成为世界上现存最早、保存最完善的石拱桥。〕

五、"赵州桥不但坚固，而且美观。"结合上下文，思考这句话这样写好在哪里。

【教学过程】

● 版块一 回顾主题，导入古桥

1.同学们，中华传统文化源远流长、辉煌灿烂，打开传统文化宝库的大门，我们可以认识古代的名人大家，可以了解到有趣的神话故事，更可以欣赏古代伟大的建筑。这节课我们就要一起来寻访一座古桥，了解它举世闻名的奥秘。你知道这座桥叫什么名字吗？

2.对，就是赵州桥。看老师板书课题。齐读课题。

〔设计意图：回扣单元主题，明确赵州桥与单元主题的关系，感知赵州桥是古代伟大建筑，引出课题。〕

● 版块二 学习词语，整体感知，反馈自学成果

（一）寻访赵州桥之前，我们先来把词语读好！老师请一个小组来汇报。

赵县　石匠　创举　智慧　安济桥　前爪

砌成　横跨　雕刻　抵着

1.小组汇报，读好词语。

2.小老师指名读。

3.齐读。

（二）学习多音字"济""爪"

1.小组汇报多音字不同读音的意思及相应组词。

2.齐读多音字。

（三）整体感知

1.请几位同学接读课文，其他同学边听边想：赵州桥是一座（　　　）的桥。

2. 赵州桥主要写了什么？小组汇报，结合任务单的框架图试着梳理文章脉络。（相机板书：雄伟、坚固、美观）

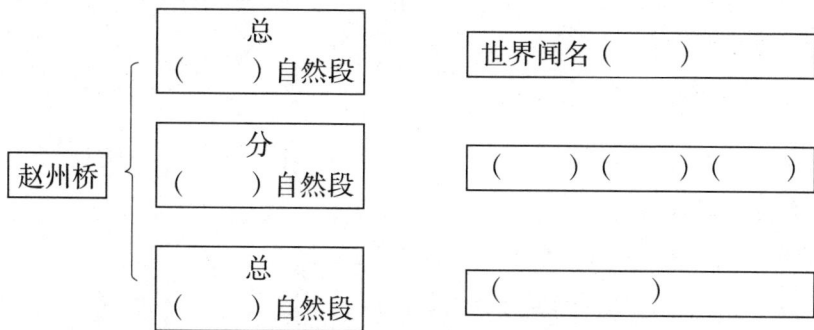

赵州桥
- 总　（　　）自然段 ── 世界闻名（　　　）
- 分　（　　）自然段 ── （　　　）（　　　）（　　　）
- 总　（　　）自然段 ── （　　　　　　）

3. 根据框架图，说一说赵州桥是一座怎样的桥。

小结：根据思维导图，我们知道课文运用了"总—分—总"的结构，写出了赵州桥是一座世界闻名、历史悠久、雄伟、坚固、美观的桥，是我国宝贵的历史遗产。

〔设计意图：根据任务单，指导学生读准字音，掌握多音字，有效反馈学生学习成果；利用框架图，整体感知赵州桥的特点，训练说话。〕

● 版块三　范读第一段，了解赵州桥的基本信息

1. 过渡：课文就是介绍了这样一座世界闻名的桥，同学们可真不简单，通过读书，能知道这么多知识。现在就让我们出发吧！从我们济南到赵州桥，大约需要四五个小时的路程，在这段时间里，先由我这个导游简单介绍一下赵州桥，游客们可仔细听！

2. （教师背第一段）听了我的介绍，你们对赵州桥有了哪些了解？

小结：这真是一座历史悠久的桥啊！同学们听得真仔细，让我们端起书，一起读读第一自然段。

〔设计意图：快速提炼第一自然段关于赵州桥的信息。〕

● 版块四　感受赵州桥"雄伟、坚固"的特点，理解桥是一个创举

你从哪些语句中读出了赵州桥的雄伟、坚固和美观？在相应的语句旁边，作出批注并说说感受。小组讨论你找的句子，汇报句子，谈感受。

问题（一）：刚才有同学说，这是一座雄伟的桥，你从哪儿能看出来？

1.小组汇报交流，其他小组补充、评价。

教师提升内容：联系教室的长宽，抓住数字引导学生感受桥的雄伟；联系一千四百多年的建桥史以及赵州桥是世界上跨度最大的单孔石拱桥来引导学生感受桥的雄伟。

2.通过朗读展现桥的雄伟。

问题（二）：我们通过抓关键词的方法感受了桥的雄伟，那赵州桥坚固吗？个人汇报小组交流成果。

（结合任务单资料，感受赵州桥的坚固。）

问题（三）：赵州桥为何如此雄伟坚固呢？这源于它设计上的一个独特之处，为什么这样设计呢？

追问1：你真的读懂了吗？真的？我想请一名同学到黑板上来画一画赵州桥。同位两人互相说一说。

追问2：请一位同学根据图解说一下赵州桥的独特设计。

问题（四）：难怪文中说"这种设计，在建桥史上是一个创举"。谁来说说"创举"的意思？（从未有过的举动）

追问：在学习中，遇到不明白的词可以通过查字典来解决。能把意思带进去说说吗？

拓展补充，升华感情：你们知道吗？赵州桥桥身桥洞的设计，被称为"敞肩拱"。看，这两个小桥洞多像是站在了大桥洞的两肩上呀！这样的形式在世界桥梁史上是赵州桥第一个设计创造出来的，以前从来没有这样的设计。直到一千年后，欧洲有的国家才设计出这样的拱桥呢。所以说——这种设计，真是一个了不起的创举！

读读这部分。读出对了不起的赵州桥、了不起的设计师的赞叹之情。

〔设计意图：抓住关键词，结合材料，理解赵州桥的"雄伟"与"坚固"。从词义和资料理解"创举"。〕

●版块五 学习过渡句，感受赵州桥"美观"的特点

问题（一）：赵州桥可不仅仅是雄伟坚固，它还是一座——美观的桥。我们从第二段感受到了坚固，读了第三段开头的句子，你知道这段要写赵州桥的哪个特点吗？你是怎么知道的？

追问：你真聪明，这个句子写得也真妙。联系上下文，这句话这样写好在哪儿？

小结：这句话既概括了上文，又引出了下文的内容，就像一座小桥，把第二、三自然段连接了起来，这样的句子叫——过渡句。同学们以后在写作的时候也可以这样运用。

问题（二）：那赵州桥到底哪里美观呢？这部分很有特点，发现了吗？（有的……有的……还有的……）作者就是用这样的词——介绍了桥栏上丰富精美的图案。

1.想看看吗？（出示滚动图）

看，两条龙缠绕在一起，多么逼真！谁来读读？

2.这些精美的图案逼真传神，巧夺天工，的确非常美观。谁能完整地读读这部分？

3.推荐一位同学读。老师也加入进来。我们一起合作读。

4.能试着背一背吗？没关系，每组同位都有一组小图片，你们先试着练一练。

〔设计意图：根据任务单问题，交流对过渡句的作用的理解；根据图片，感受赵州桥的美观，练习背诵。〕

● 版块六　概括小结，朗读最后一段

今天，我们跟随作者的介绍一起了解了赵州桥。它雄伟坚固，千年不倒；造型美观，独具特色，真不愧是"天下第一桥"，更是充满智慧的古代劳动人民为我们留下的宝贵遗产！

端好书，我们一起自豪地读一读最后一段吧！

【板书设计】

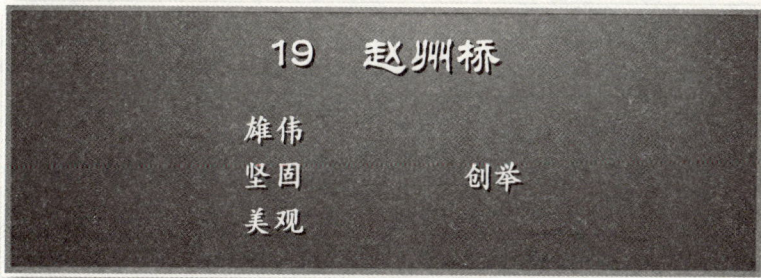

19　赵州桥

雄伟
坚固　　　　创举
美观

（徐红玉）

《生命　生命》教学设计

【设计理念与思路】

课程标准明确指出："学生是学习的主体。语文课程必须根据学生身心发展和语文学习的特点，爱护学生的好奇心、求知欲，鼓励自主阅读、自由表达，充分激发他们的问题意识和进取精神，关注个体差异和不同的学习需求，积极倡导自主、合作、探究的学习方式。"不仅如此，课程标准在教学建议中也明确提到："学生是语文学习的主体，教师是学习活动的组织者和引导者。语文教学应在师生平等对话的过程中进行。""充分发挥师生双方在教学中的主动性和创造性。""语文教学应激发学生的学习兴趣，培养学生自主学习的意识和习惯，引导学生掌握语文学习的方法，为学生创设有利于自主、合作、探究学习的环境。"四年级下学期，学生已经掌握了很多学习方法，具有一定的自主学习能力，所以，我在教学本课时，以"任务单"为抓手，放手让学生自主思考、合作交流、探究学习，教师组织课堂，适时点拨、总结、铺垫，在生生互动、师生互动中实现本节课的教学目标。

【教学目标及流程】

本课的学习分两个课时进行：第一课时，学生根据任务单自主学习，并且检查落实朗读和字词部分的学习情况；第二课时，生生互动，师生互动，概括文中的三个事例，理解文章内容，体会文章主旨。由于第一课时的教学设计比较简单，在此只呈现第二课时的教学设计。主要目标如下：

1. 认识5个生字，会写8个生字。正确认读"无限、骚扰、震撼、糟蹋、听诊器"，掌握多音字"弹"。

2. 正确、流利、有感情地朗读课文，背诵课文最后一个自然段。

3. 用概括小标题的方法，把握三件事例。

4. 抓住关键词语，联系上下文和生活实际，理解含义深刻的句子。

5. 运用抓重点词语并理解品味、有感情地朗读等方式，感悟作者对生命的思考，懂得珍爱生命、尊重生命、善待生命，让有限的生命体现出无限的价值。

【教学准备】

1. 教师准备：做好课件及相关PPT；制作微视频；出好"任务单"，并提前下发给学生。

2. 学生准备：按"任务单"进行自主学习。

【任务单设计】

一、认读下列词语，读准字音，给"弹"注音，并写出它的另一个读音，组词。

无限　骚扰　震撼　糟蹋　听诊器　动弹（　　　）

二、正确、美观地书写下列词语。

打扰　欲望　听诊器　震撼　糟蹋　无限　不屈向上　茁壮生长

三、作者从三个事例中引出了对生命的思考，请你用准确、精练的小标题概括这三个事例。

事例一：

事例二：

事例三：

四、三个事例，哪一个让你感受最深？带着你的体会，有感情地朗读这部分课文，并且抓住关键词句，联系上下文和生活实际来谈一谈你的体会和感受。

〔设计意图：制定一份合理的任务单是进行"任务单教学"的前提。"任务单"的制定必须紧扣教学目标，将教学目标转化成若干学习任务，可操作性要强，表述要具体，让学生自主学习时"学有所依"，而不至于让学生茫然无措，不知道从何处下手学习。〕

【教学时数】两课时。

【教学过程】

第一课时（略）

第二课时

● 版块一 导入新课

1.谈话导入

先看老师板书一个词（师板书：生命；生齐读）谈到生命，你会想到什么？（生交流）

老师追问："生命"这个词会让我们想到很多内容。那生命到底是什么，你们考虑过吗？

2.了解作者

有一个人对生命思考了很多，并且对生命有很深的感悟。她就是我国台湾著名作家杏林子。（出示杏林子照片）对杏林子，你有哪些了解？

教师根据学生回答小结、补充作者资料：杏林子，原名刘侠，出生在陕西省扶风县杏林镇，为了纪念出生地，取笔名杏林子。她12岁时得了幼年型类风湿关节炎，无药可治，只能眼睁睁地看着自己的关节一个个地坏掉，渐渐不能走不能跳，身体和内心都非常痛苦。她甚至这样说过：我不知像我那样既没有念过多少书，又瘫痪在床上的病人到底有什么用？我活着到底是干什么？仅仅为了自己受苦、拖累家人吗？我真的要在病床上躺一辈子，永远做一个废人吗？

但她最终找到了生命的意义，坚强地活了下来。今天我们就来学习她写的一篇关于生命的文章。请你们看着老师板书课题。

3.课题质疑

仔细观察课题，它有什么特别之处？

老师小结：是啊，为什么要把这两个相同的词放在一起作为课题呢？相信通过这节课的学习，你会对这个问题有更深刻的认识。

〔设计意图：本文是作家杏林子对于生命的感悟，作者身患重病却不向命运屈服，用自己奋斗的一生写就了自己对生命的珍爱。在理解课文的时候，如果不去了解作者生平，文本不过是一篇普通的激励人们珍爱生命的心灵鸡汤式文章，很难让我们有所触动。本部分设计旨在引导学生了解作者杏林子的经历，为后续学习和深入理解课文内容和主旨做铺垫。〕

● 版块二 整体感知

1.作者从三个事例中引发了对生命的思考,是哪三个事例呢?

小组讨论交流后,老师选择三个有代表性的投影展示,比较、选择概括最准确、最精练的小标题。

老师小结概括小标题的方法:小标题要能概括这个事例的内容,让人一看就知道讲了什么,还要语言简练。

〔设计意图:这部分教学旨在培养学生学会用小标题概括文章内容的方法,并通过小组交流的方式培养学生的合作学习能力。〕

● 版块三 品读课文

1.这三个事例,哪一个让你感受最深?小组选定一个事例,按照我们的学习任务,准备汇报,限时两分钟,期待你们精彩的发言。

小组内交流后选择一个小组上台汇报,台下学生补充,教师相机提升、小结。以下内容要落到实处:

事例一:引导学生抓住"挣扎""极力""鼓动""跃动"和三个"!",体会飞蛾强烈的求生欲望,并指导朗读好三个感叹句。

事例二:抓住关键词"竟然""竟""冲破"和瓜苗的生活环境、生存时间,感受香瓜子顽强的生命力。

事例三:抓住"震撼"一词感受人的生命。

2.在文中,杏林子表明了对生命的两种态度,找到关键词句了吗?

(1)什么是糟蹋?在生活中,有哪些行为是在"白白地糟蹋"生命呢?

(2)什么才是"好好地使用"生命呢?飞蛾是怎样好好使用生命的?瓜苗又是怎么好好使用生命的?

(3)我们再来看杏林子是怎样好好使用生命的?(出示:杏林子照片)

虽然病痛一直折磨着她,但她依然坐在轮椅上,膝上架着小木板,颤颤巍巍地用两个指头夹着笔写字,就这样创作了四十多本著作,留下了数百万字的作品,被誉为"台湾最有影响力的作家"。不仅如此,她还组织成立了"伊甸残障福利基金会",以帮助残障人改变生活。她用自己的行动印证了她对生命的理解,让"有限的生命体现出无限的价值"!除了杏林子,你知道还有这样的例子吗?

（4）他们让我们懂得了怎样珍惜生命，让我们再来体会一下作者对生命的感悟。齐读最后一自然段。

〔设计意图：这部分教学是本节课的重点，也是难点，旨在引导学生结合生活实际及作者经历深入理解文本内容，感悟生命的真谛。〕

● 版块四　感悟提升

1.照应导入，理解课题

同学们，现在你们知道作者为什么用两个相同的词作课题了吗？（生交流）

教师小结：用两个相同的词作课题起到了强调的作用，表达了作者对生命的敬畏之情。

2.梳理文章结构，背诵积累含义深刻的句子

课文开头提出问题：生命是什么？下面的内容却没有从正面回答，而是用飞蛾求生、瓜苗生长、静听心跳三件小事展现了生命的强大力量，最后总结生命的意义。让我们一起读一读这段话，争取背下来。（生背诵课文最后一个自然段）

3.课堂总结

同学们，杏林子走了，带着她对生命的无限敬畏走了，可是她的精神，她的作品却留了下来，影响了我们一代又一代的人。课文的学习结束了，但生命将永不停息。让我们都做对自己的生命负责的人。

〔设计意图：此部分教学照应导入部分的学生质疑，旨在释疑，揭示文章主旨，深化学生对文章主旨的理解，珍惜生命，做有意义的事。〕

【板书设计】

> 19　生命　生命
>
> 飞蛾求生
> 瓜苗生长
> 静听心跳

（杜建丽）

《鱼游到了纸上》教学设计

【教学内容】

本文是人教版义务教育课程标准实验教科书《语文》四年级下册第七组第27课,这是一篇精读课文。文章按事物发展的顺序,以青年人"特别"的举止为线索,随着"我"对他认识的不断深入,一位勤奋专注、画技高超的残疾人形象跃然纸上,作者的敬佩之情也越来越浓。课文在写法上有两个特点:一是人物描写细致入微,对聋哑青年的外貌、神态、动作刻画传神;二是语言平实而含义深刻,很有启发性,令人回味无穷。

【学习目标】

1. 听写11个生字。理解"清澈见底、赏心悦目、一丝不苟、融为一体"等词语。

2. 体会文章的思想感情,培养做事勤奋、专注的品质。

3. 学习作者观察和描写人物的方法。

【教学重难点】

1. 教学重点:理解文中描写青年画鱼、看鱼的关键句段,体会青年"爱鱼到了忘我的境界"。

2. 教学难点:理解"鱼游到了纸上"与"先游到了我的心里"的关系。

【课前准备】

1. 教师准备:学习任务单,PPT。

2. 学生准备:熟读课文,完成任务单。

【教学环节】

第一课时(略)

第二课时

版块一 导入：检查第一课时生字的掌握情况

1. 采取抽签的方式选取两个小组的B等级学生到黑板听写生字。

2. 其他同学在任务单背面的田字格中听写。

3. 强调写字姿势，待学生准备好纸笔，摆好写字姿势后开始听写。听写内容：港、澈、壶、缸、罢、苟、绣、挥、徽、聋哑。

4. 与学生一起批改黑板上同学听写的字词，纠正写错的字。奖励，给全对学生所在的小组加分。

5. 台下学生交换批改，小组长汇总批改结果。奖励全对的小组每人10分，鼓励小组长帮助有错误的同学进行修改。

〔设计意图：第一课时学生根据学习任务单自主学习本课生字词，理解关键词语，朗读课文，本节课，老师要跟踪检查学生任务单完成的情况，为本节课课文内容的学习打下基础。〕

版块二 分析课题"鱼游到了纸上"——体会青年怎样画鱼才使鱼游到纸上的

1. 导入课题。陈述课题的主要内容：这篇文章讲述了作者在玉泉观鱼，认识了一位青年，他爱鱼到了忘我的境界，画的鱼栩栩如生，受到人们的赞叹。其中，有人这样称赞他（指课题）——鱼游到了纸上。

2. 引导学生读出课题出处："'哟，金鱼游到了他的纸上来啦！'一个女孩惊奇地叫起来。"

指导学生有感情地朗读，分析其表现了什么。（预设：表现了青年画鱼画得鲜活、逼真）

3. 引导学生找出文中描写青年外貌的句子并朗读，分析青年的外貌特征，体会作者的观察和描写方法。（板书：外貌）

4. 引出问题：这个长相清秀的青年是怎样画鱼，才使金鱼游到了纸上的呢？

5. 指导学生完成任务单的第五个任务。以小组为单位朗读课文，画出有关青年画鱼的句子，结合关键词语谈谈体会，并在课文中做好批注，感悟青年"爱鱼到了忘我的境界"，体会鱼是怎样游到青年的纸上的。（板书：画鱼）

6. 小组汇报。汇报不充分的地方，老师补充。

（1）"他有时工笔细描，把金鱼的每个部位一丝不苟地画下来，像姑娘绣花那样细致；有时又挥笔速写，很快地画出金鱼的动态，仿佛金鱼在纸上游动。"

① 小组汇报。

主要目的：理解重点语句意思："一丝不苟"——认真仔细。

"有时""工笔细描""挥笔速写"——画技高超。

② 教师小结：出示工笔细描和挥笔速写的图片，帮助学生理解两种绘画方法。

指引学生理解：青年有时工笔细描，有时挥笔速写，无论是哪种画法，青年都运用自如，慢中有快，静中有动，说明了青年画技高超。（板书：画技高超）

③ 指导朗读：

A. 你能把青年高超的画技通过朗读表现出来吗？（老师适时范读，学生推荐一人读）

B. 男女生配合读。女同学读工笔细描这一部分，注意读出绣花般的细致，男同学读挥笔速写这一部分，读出挥洒的豪爽。

④ 分析作者的描写方法。作者通过动作描写来刻画青年画技的高超。（板书：动作）

（2）"围观的人越来越多，大家赞叹着，议论着，唯一没有任何反应的是他自己。他好像和游鱼已经融为一体了。"

① 小组同学汇报。

关键词语的理解：

"越来越多""赞叹""议论"——画技高超。

（分析此处运用的描写方法——侧面烘托。）

"融为一体"——这个青年已经和游鱼成为一体，青年心中想的是金鱼，眼里看到的是金鱼，手里画的还是金鱼，对外界发生的事没有任何反应。也可以看出他爱鱼爱到了很深的程度，达到了忘我的境界。

②说话练习。指引学生讨论并回答周围的人如何"赞叹""议论"青年。

③指导学生有感情地朗读。读出对青年的赞赏和青年忘我的境界。

（3）"我仍旧去茶室喝茶，等到太阳快下山才起身往回走，路过后院，看到那位青年还在金鱼缸边画画。他似乎忘记了时间，也忘记了自己。"

①关键词句的理解。

"太阳快下山""还在"——勤奋。

"忘记了时间""忘记了自己"——忘我。

②指导有感情地朗读。读出青年的勤奋与忘我。

（4）小结：这个青年一丝不苟、勤奋地练习画画，画技高超，所以画的鱼栩栩如生，就像游到了纸上。

〔设计意图：细品课文，进一步理解课文内容；品味语句，体会人物品质。抓住"工笔细描、一丝不苟、挥笔速写、融为一体、细致"等词语引导教学，让学生真正理解它们的基本义和语境义，感受聋哑青年的绘画技艺。对一些含义深刻的句子，引导学生边读边悟，边读边议，通过对这些句子的理解，认识到聋哑青年勤奋专注、执着追求的品质，并受到感染。〕

● 版块三 研读重点句段，体会鱼"先游到了我的心里"，进而体会聋哑青年观察鱼时，勤奋、专注、持之以恒的高贵品质

1.衔接上述小结：请学生思考并回答，画技高超的青年为什么能把金鱼画得栩栩如生，像在纸上游动呢？——因为观察鱼观察得仔细。

2.引出任务和问题。课文中的青年是怎样观察金鱼的？（出示任务单）请再次朗读课文，画出有关青年看鱼的句子，结合关键词语谈谈体会，并在课文中做好批注，感悟青年"爱鱼到了忘我的境界"。并与小组成员讨论，你能从中体会出青年具备怎样的品质。（板书：画鱼）

3.小组汇报，教师引导、提升。

（1）"他老是一个人呆呆地站在金鱼缸边，静静地看着金鱼在水里游动，而且从来不说一句话。"

① 关键词语的理解：从"呆呆地"可以看出他看鱼非常地入迷，对金鱼非常感兴趣；"静静地"可以看出他非常认真，全身心地投入，所以很安静。

② 指导学生有感情地朗读。读出青年如痴如醉的境界。

（2）"他告诉我，他学画才一年多，为了画好金鱼，每个星期天都到玉泉来，一看就是一整天，常常忘了吃饭，忘了回家。"

① 关键句的理解：一年多来，无论是炎炎夏日还是寒风刺骨的冬天，这位青年就是这样，每个星期天，从早到晚，看着鱼，画着鱼，坚持不懈地追求，简直达到了忘我的境界。（板书：坚持不懈）

② 指导有感情地朗读。

〔设计意图：此环节，我采用"读书质疑—小组讨论—教师指导—有感情地朗读"的教学程序，以青年"忘我的境界"为发散点，引导学生找文析句，充分感受聋哑青年观鱼、画鱼的刻苦执着，以此理解"鱼游到了纸上"的真正原因，突出重点，突破难点。此外，我也通过不同形式的朗读，来引导学生加深对文本的体会、理解，从心里敬佩青年做事勤奋、刻苦的品质。〕

● 版块四 总结上述重点句段，感悟青年的优秀品质，理解"鱼游到心里"与"鱼游到纸上"的关系

1. 理解"鱼游到心里"的含义以及"鱼游到纸上"和"鱼游到心里"的关系。

当作者把小女孩称赞他的话写给他时，青年自己却写到"先游到了我的心里"，你们能联系课文，说说这句话的含义吗？（学生交流）

追问："鱼游到纸上"和"鱼游到心里"之间有什么关系？（学生交流）

老师总结：由于聋哑青年长期专注、认真地观察，勤奋、一丝不苟地练画，他早已与鱼融为一体，他爱鱼爱到了忘我的境界，鱼的姿态和动作早已刻到了他的心里，游到了他的心里，才会有鱼活灵活现地游到青年的画纸上。

2. 总结全文，深化主题。就是这样一位聋哑青年，虽然身患残疾，但凭着他的执着、专注、勤奋，让鱼游到了心里，又游到了纸上，做到了连正常人都很难做到的事，这样的青年是值得学生钦佩和学习的。

指引学生带着钦佩的感情再次朗读课题：鱼游到了纸上。

〔设计意图："金鱼游到了纸上"和"先游到了我的心里"的关系是文本的重点和难点，教师引导学生抓住金鱼的特点，在头脑中形成了准确生动的形象。画画，必须先仔细观察，使之形象鲜明、生动、深刻，呼之欲出。通过弄清"鱼游到心里"和"鱼游到纸上"的关系，深化了学生对文章内容的理解和感悟。〕

● **版块五** 再读课文，体会写法

1. 除了青年，还有一个人值得学生钦佩，那就是作者，作者不仅认真观察，还通过外貌、动作和侧面描写，把青年专注勤奋的形象生动地展现在我们面前。

2. 指导学生像青年和作者一样，做个有心人，仔细地观察生活，发现生活中美好的东西，并用笔细致地描写出来。只有这样，学生的认识水平、写作能力才会相应提高。

3. 指导学生从现在做起，完成课后的小练笔。

〔设计意图：从读学写，在学生完全理解内容的基础上，再读课文，通过外貌、动作和侧面描写，把青年专注勤奋的形象生动地展现在我们面前，教学过程体现了语言文字的训练，特别是读和写的训练。〕

【板书设计】

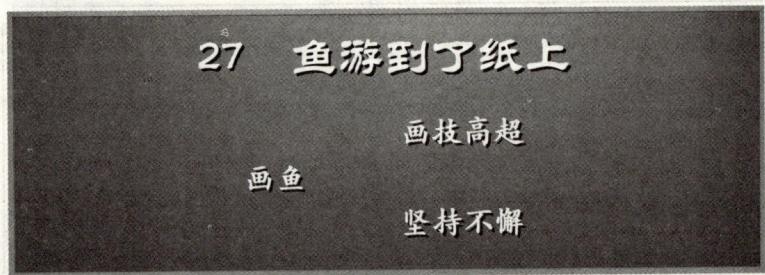

附：

《鱼游到了纸上》学习任务单

一、正确流利地朗读课文。

二、准确认读本课生字词，给加点的字注音；通过查字典或是联系上下文的方法理解画横线的词语。

　　　清澈见底　　　花港　　　一壶茶　　　鱼缸　　　绣花　　　挥笔

　罢了（　　　）　　　聋哑人（　　　）　　　厂徽（　　　）
　　·　　　　　　　　　·　　　　　　　　·

一丝不苟　工笔细描　挥笔速写　融为一体

三、自学本课生字，写字要做到正确、规范。

四、默读课文，说说课文是按照什么顺序写的，并说说课文讲了件什么事。

五、朗读课文，画出有关青年看鱼、画鱼的句子，并在课文中做好批注，体会青年"爱鱼到了忘我的境界"。

六、思考："先游到了我的心里"指的是什么？"鱼游到心里"与"鱼游到纸上"是什么关系？

　　我好像看到了围观的人议论青年画鱼的情景，我想把它写下来。

（孔令利）

《圆明园的毁灭》教学设计

【教学内容】

本课是人教版小学语文五年级上册第七组第一课。这篇精读课文描述了圆明园昔日辉煌的景观和惨遭侵略者肆意践踏而毁灭的景象，表达了作者对祖国灿烂文化的无限热爱，以及对侵略者野蛮行径的无比仇恨，激发人们不忘国耻、振兴中华的责任感和使命感。选编本课的意图是，引导学生把阅读、感悟、想象结合起来，把搜集与整理、运用资料结合起来，再现圆明园昔日的辉煌。让学生记住这段屈辱的历史，从而增强学生的民族使命感，激发学生热爱祖国灿烂文化的情感。

【教学目标及流程】

本课分两课时完成。

第一课时，学生按任务单的要求进行自学，完成任务单前四项（任务单附在教案后面）。老师随时关注，掌握学情，以便调整预备的教学设计。（略）

第二课时，检查落实学生第一课时自学任务，重点研读课文三、四、五段：

1. 了解圆明园辉煌的过去和毁灭的经过，激发热爱祖国文化、仇恨侵略者的情感，增强振兴中华的责任感和使命感。

2. 领悟文章表达的特点。学习运用搜索整理资料的方法。

【教学准备】

1. 教师准备：做好课件；出好"任务单"并提前下发给学生。

2. 学生准备：按"任务单"进行自主学习，查阅相关资料。

【教学时数】两课时。

【教学过程】

第一课时（略）

第二课时

◉ 版块一 　解读课题，导入新课

1. 在中国近现代史上，我们国家曾经有过一个百年的噩梦。从1840年鸦片战争，英国的大炮洞开我们的国门，侵略者蜂拥而至，到1945年日本侵略者从中国撤军，这一百多年里，中华民族受尽屈辱，中华儿女奋力抗争。我们把这段历史称为"中国屈辱史"。今天我们要学习的课文就是这其中的一页。我们一起写课题："圆"是圆满无缺的"圆"，"明"是光明普照的"明"，"园"是皇家园林的"园"，齐读"圆明园"。

2. 一个圆满无缺、光明普照的皇家园林却被英法联军给毁灭了。（补写：的毁灭）再读课题（把毁灭读得轻一点）。

〔设计意图：对这段历史的起止点作必要交待，便于学生理解本单元的主题。对题目的解读，让学生初步知道圆明园是皇家园林，对它的毁灭有一个大概了解。〕

◉ 版块二 　检查"任务单"自学情况，理清文章脉络

1. 检查生字读音。

第一，读准生词，小组代表读生词，关注"统统"的读音，三声；"剔透"的"剔"，一声。

第二，理解词语"玲珑剔透""瑰宝""瑶台"的意思。

2. 听写生词：瑰宝、瑶台、玲珑剔透。（一生上黑板听写，其余同学互换订正，不对的改正，给全对的小组加分)

3. 检查朗读，每个小组选一个代表，接读课文。要求读得正确、流利、洪亮。（评价，加分）

4. 检查任务四，本文条理清晰，每段讲了什么？组内交流，汇报。

预设：第一自然段：不可估量的损失；第二自然段：布局独特；第三自然段：建筑宏伟；第四自然段：藏品珍贵；第五自然段：毁灭或化为灰烬。

老师小结：开头，结尾，写了圆明园的毁灭；中间三段可以概括为：昔日的辉煌。（板书）

〔设计意图：检查自学情况，了解学情。理清文章脉络，引导学生对内容相近的段落进行归纳总结，总体把握文章的谋篇布局。〕

●版块三　感知昔日的辉煌，学习用查阅资料的方法化解疑难

1. 出示任务五：默读课文二、三、四段，思考：圆明园是一座怎样的园林，它有什么独特之处？小组合作，交流汇报。

2. 第二段，理解"众星拱月"的布局。

补资料，出图：理解众星拱月。这样庞大的建筑群，这种"众星拱月"般的布局，这在当时是很少见的。

〔设计意图：一是理解词语，展开想象，体会这种独特布局；二是利用图示直观感受这种三面环绕的布局，这种设计的大气至今仍少见，体会其布局独特。〕

3. 第三段，圆明园中有各种建筑，建筑风格多样。

第一句：圆明园中，有金碧辉煌的殿堂，也有玲珑剔透的亭台楼阁；有象征着热闹街市的"买卖街"，也有象征着田园风光的山乡村野。

一读，圆明园中有什么？

圆明园中，有金碧辉煌的殿堂，也有玲珑剔透的亭台楼阁；有象征着热闹街市的"买卖街"，也有象征着田园风光的山乡村野。（建筑类型之多）

二读，这些建筑有什么特色？

圆明园中，有金碧辉煌的殿堂，也有玲珑剔透的亭台楼阁；有象征着热闹街市的"买卖街"，也有象征着田园风光的山乡村野。（每种建筑各具特色）

三读，不看文字，看图能说说吗？

〔设计意图：读书要抓住主要信息，在熟读基础上看图背诵，既是背诵，又是对"殿堂""楼阁"的直观认识，同时感受圆明园建筑之宏伟，还有助于积累语言。〕

过渡：这些各具特色的建筑还各有各的来头呢。

第二句：园中许多景物都是仿照各地名胜建造的，如，海宁的安澜园，苏州的狮子林，杭州西湖的平湖秋月、雷峰夕照；还有很多景物是根据古代诗人的诗情画意建造的，如蓬莱瑶台，武陵春色。

（1）学生交流预设：圆明园中有许多景物。

老师补充资料：当我们无法想象园中景物是怎样的时候，我们可以通过查阅资料来了解它。

安澜园：泉石深邃（suì），古木参天，湖光潋滟，桃李芬芳。（出示图片）

狮子林：园内"林有竹万，竹下多怪石，状如狻猊（狮子）者"。

雷峰夕照：雷峰塔，位于西湖湖南、净慈寺前的夕照山上，因晚霞镀塔、佛光普照而闻名。

还有的更神奇，根据诗人的诗情画意建造的。出示瑶台、武陵春色图片。这个老师不讲了，你们自己查阅它们的神奇吧。

（2）如果说以上这些都属于民族建筑，那么除此而外，还有西洋景观。（出图，学生稍介绍）

出示雨果的话：

有一座言语无法形容的建筑，某种恍若月宫的建筑，这就是圆明园。

我们带着这无尽的想象，一起来读读这段，建筑宏伟的圆明园。

（3）是呀，难怪作者发出了这样的感叹：

课件出示句子，齐读：漫步园内，有如漫游在天南海北，饱览着中外风景名胜；流连其间，仿佛置身在幻想的境界里。

4. 第四段：上自先秦时代的青铜礼器，下至唐、宋、元、明、清历代的名人书画和各种奇珍异宝。

（1）学生交流预设：一句话，写了上下两千多年的收藏品，一年收藏一件还2000多件，一年又何止一件呢？想一下，那么多的宫殿摆满了名人书画、奇珍异宝；那么多的楼阁摆满了名人书画、奇珍异宝。

过渡：它是当时世界上最大的博物馆、艺术馆。当我想象不出来圆明园中到底有怎样的藏品的时候，怎么办呢？查资料。

（2）补充资料，朗读。这是部分宝物，圆明园镇馆麒麟，还有这，还有这，看几组图片，其中的价值可以估量吗？让我们带着自豪之情读读这段。小组回座，评价加分。

小结：看板书，昔日的圆明园曾经是那样一座宏伟的建筑，内藏大量的奇珍异宝。此时，我的内心不由得生出一种自豪感。这是我们中国的，中国人可以欣赏，它又是世界的，世界人也可以来欣赏，它是中国的文化精华，更是世界的文化精华。

〔设计意图：利用资料可以丰富阅读的想象，把抽象的描述转化成形象的画面，勾起学生的向往之情、自豪之感。同时帮助学生理解圆明园不仅是中国的文化，也是世界的文化。〕

●版块四 感受毁灭之伤

过渡：（停顿10秒）然而，这举世闻名的皇家园林，在1860年的10月化为灰烬。

1.指定学生读最后一段。

2.追问：读了这一段，你的心情如何？

预设：第一种：恨（贪婪，霸道，无耻）；第二种：惜（放火，罪恶，烧毁了园林艺术的精华，文物不可复制）。

3.师生配合读：

1860年10月6日，

英法联军侵入北京，

闯进圆明园。

他们把园内凡是能拿走的东西，

统统掠走；

拿不动的，

就用大车或牲口搬运；

实在运不走的，

就任意破坏、毁掉。

为了销毁罪证，10月18日和19日，

三千多名侵略者奉命在园内放火。

大火连烧三天，

烟云笼罩了整个北京城。

我国这一园林艺术的瑰宝、建筑艺术的精华，就这样化成了一片灰烬。

学生结合具体语句来谈感受。那庞大的建筑群没有了，那各种名胜景物没有了，名人书画没有了，两千多年的文物没有了……

小结：孩子们，侵略者毁掉的不止是千百座房子，其中包含着中华民族千百年的智慧，那是中华民族文化的精华，那也是世界文化的精华。

4.让我们再齐读第一段，出示第一段，体会不可估量的损失。

〔设计意图：两次读，各有侧重，一读是整体感受；二读是抓住重点词语，感受侵略者的无耻，生发对侵略者的痛恨及对圆明园被毁的惋惜之情。〕

●版块五 完成任务六，体悟一种写法，生发一种思考

1.你们看：题目是毁灭，为什么用大量笔墨写它昔日的辉煌呢？

预设：正是因为它美好，毁灭了才更让人心痛，这更能激起读者的愤恨与惋惜之情。一扬一抑，爱恨交织，增强了文章的感染力。

2.课文学习完了，我相信，同学们除了满腔的愤怒与惋惜，肯定会有很多想法，有什么疑问吗？

预设：清政府为什么不抵抗，市民为什么不抵抗……

孩子们，国家只是政府要员的吗？保护祖国文化，兴业强国，只是政府的事儿吗？我们每个人都是国家的一分子，天下兴亡，匹夫有责。我们学校流传着这样一句话：凡我在处便是齐鲁，就是要培养我们有责任、有担当的公民意识。

3.这把火烧毁了圆明园，也烧醒了中华民族，明白落后就要挨打，我们要强大，要进步，要富强，这不是口号，这需要我们一代又一代人的努力。孩子们，祖国的未来属于你们，记住梁启超说的这句话：

少年进步则国进步，少年胜于欧洲则国胜于欧洲，少年雄于地球则国雄于地球。

4.下课。

〔设计意图：爱国，强大，发展，不是说给别人听的，也不是口号，而是关系到我们每个中华儿女的自强不息。通过本课学习，学生不能止步于愤恨，不能止步于惋惜，而是要从中生发出更多思考，要从小就有强国之梦、报国之

志。这也是对本单元"勿忘国耻，振兴中华"这一主题的落实。]

【板书设计】

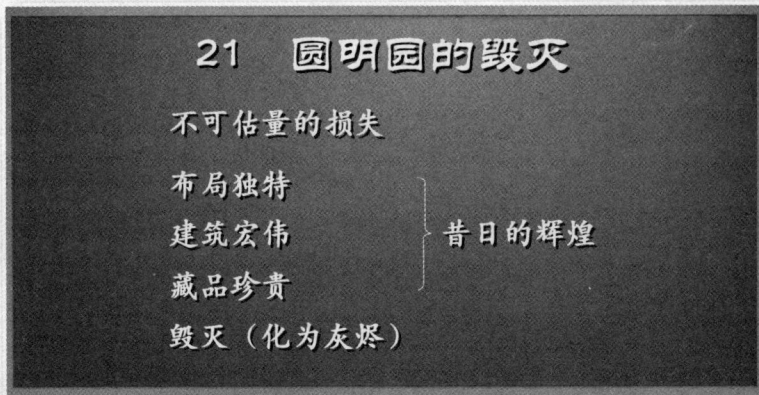

附:

《圆明园的毁灭》任务单

一、正确、流利地朗读课文。

二、读准下面的字词，给加点的字注音。通过联系上下文或查字典、词典的方法理解第3题词语的意思。

1. 举世闻名　皇家园林　众星拱月　金碧辉煌

亭台楼阁　诗情画意　天南海北　奇珍异宝

2. 玲珑剔（　　　）透　蓬莱瑶（　　　）台　瑰（　　　）宝

宏（　　　）伟　灰烬（　　　）　估量（　　　）

3. 不可估量：_____

玲珑剔透：_____

瑰宝：_____

精华：_____

三、会写"损失、皇家、玲珑剔透、杭州、蓬莱、瑶台、宏伟、宋代、侵略、统统、销毁、瑰宝、灰烬"这些词语，写字要做到正确、规范。准备听写。

四、快速默读课文，思考每个自然段主要讲了什么。

第一自然段：_____

第二自然段：_____

第三自然段：_____

第四自然段：_____

第五自然段：_____

五、默读课文第二、三、四自然段，思考：昔日的圆明园是一座怎样的皇家园林？请结合文中相关的语句谈一谈，也可补充相关资料谈一谈。

六、课文题目是"圆明园的毁灭"，但作者为什么用那么多笔墨写圆明园昔日的辉煌？和同学交流自己的想法。

附：

资料1. 圆明园原为清代的皇家御苑——花园。始建于清朝康熙四十八年（1709），到清乾隆九年（1744）基本完成。此后嘉庆皇帝、道光皇帝、咸丰皇帝均有修缮扩建，历时150多年，花了五亿三千两白银。

圆明园全园占地5200余亩，相当于640个足球场。全园建筑总面积超过故宫。它是圆明、长春、绮春三园的总称。三园的周围又有诸多小园环绕，如众星拱月，布局独特，有"万园之园"之称。

资料2. 在建筑艺术上，圆明园还开创了一种中西合璧的独特风格。长春园北端，原建有一座欧洲式宫苑，其中有座"西洋楼"，由意大利传教士、画家郎士宁等外国专家设计。主要景区装置了多种形式的水池和机关喷泉。围墙、石雕、铜像等等都具有西方特色，但楼顶却铺上了中国特有的琉璃瓦，壁上镶嵌着琉璃砖。在当时，可算是世界上唯一的一处兼有东西方风格的园林建筑群。

资料3. 圆明园的毁灭历史背景：1856年至1860年，英国和法国在沙皇俄国和美国的支持配合下，联合发动了新的侵华战争——第二次鸦片战争。其目的是要在中国攫取更大的利益。1860年10月6日，英法联军侵入北京，当时的清政府懦弱无能，仓皇逃奔至承德避暑山庄，名为"北巡"，实则置国家于不顾，自逃性命，从而造成都城无主、百官皆散、民心大恐的危机局面。当时虽有少数国人抵抗，但终究寡不敌众，至晚7时，英法侵略军攻占了圆明园。

听写区

（于海棠）

《七律·长征》教学设计

【设计理念与思路】

长期以来，我们的课堂教学模式是以教师讲解为主，教师设计好了教学思路，学生"配合"教师在一个又一个问题的追问下完成每一课的学习，虽然我们尽量让学生去主动思考、自主探究，但最终还是会把学生拉进我们所设计的环节当中。无疑，这种教学方式扼杀了学生自主探究的机会，禁锢了学生的思维，将学生由"主体地位"沦为教师的"配角"，久而久之会使学生失去学习的兴趣，也不可能在学习中获取成就感。

新课程标准明确提出，在语文教学中"积极倡导自主、合作、探究的学习方式"。作为对传统教学形式的一种突破和补充，这种新型学习方式已经被教师越来越广泛地运用于以学生发展为本的课堂教学之中。"任务单"学习模式是一种"学生自主探究—学生自主汇报碰撞—教师相机补充提升"的学习方式，是实现自主合作探究学习的有效途径。"任务单"为这种自主高效学习方式的形成提供了一个强有力的抓手，它就好比一个指路牌，从"学什么""怎么学""学到什么程度"等方面提供学习的要求和指导，是教师指导学习的工具和学生进行自主学习的阶梯。在"任务单"自主学习方式中，教师依据课程目标并结合教学内容，精心设计贴近学生实际的学习任务，通过一定的评价机制吸引和组织学生积极参与；学生通过搜集资料、自主思考、合作探究、小组汇报等方式完成学习任务。在执教五年级上册《七律·长征》一课时，我便运用"任务单"展开教学，以期实现学生学习方式的转变，有效增强学生的学习兴趣和学习能力，提高课堂学习效率。

【学习目标】

1. 自主认读"礴、丸、岷"3个生字。通过自主识记、组内听写的方式会写"丸、崖、岷"3个字。

2. 有感情地朗读课文，背诵课文。结合本诗了解"七律"这种诗歌体裁。

3. 通过推想或查词典理解"逶迤、磅礴"等词语的意思，体会诗歌用词的生动准确；体会比喻、夸张的表达手法及作者使用这种手法准确表达情感的妙处。

4. 借助资料理解诗意，体会长征的艰难，感受毛泽东及中国工农红军大无畏的革命精神和英勇豪迈的气概。

【任务单设计】

一、解诗题。1. "七律"是一种诗歌体裁，你对它有哪些了解？请结合《长征》这首诗来说一说。2. 结合课后"资料袋"以及你查阅的有关长征的资料，先小组交流再派代表简明扼要地介绍对"长征"的了解和认识。

二、读准"逶迤、磅礴、泥丸、云崖、岷山"5个词语；正确流利地朗读课文。

三、默读课文，画出相关词句。红军战士在长征途中遇到过哪些艰难险阻？在毛泽东的诗句里是怎样描写这些艰难险阻的？你从诗句中感悟到毛泽东及红军战士怎样的革命精神？

学习方法提示：遇到不理解的词语可以借助注释、通过推想或查词典解决。建议搜集"红军过五岭""乌蒙山回旋战""巧渡金沙江""飞夺泸定桥""红军爬雪山过草地"等资料，交流时可结合搜集的资料来谈。

四、进一步有感情地朗读这首诗。背诵这首诗。

五、课后拓展：

1. 搜集毛泽东的其他诗词，如《卜算子·咏梅》《沁园春·雪》《沁园春·长沙》等，继续搜集有关长征的诗歌及故事，如《七根火柴》《金色的鱼钩》等。

2. 默写本诗，有兴趣的同学可以尝试把这首诗改写成一篇激情澎湃的短文。

〔设计意图："任务单"为实现自主高效学习方式提供了强有力的抓手，制定一份科学合理的任务单是实现学生学习方式转变的前提和重中之重。任务单的设计必须注意两点：一是紧紧围绕学习目标，并促进其有效落实。任务与目标之间，并非一一对应的关系，有时一项较复杂的任务可以同时体现几个目标，而一个较为复杂的目标可能要通过几个任务来实现，总之每一项任务都要有明确的要落实的目标，这样学生才能带着明确的任务目标积极主动地进行学习。二是要具体可操作。当任务单难度较大时，加上具体的学习方法提示，会使学生的学习过程明确而具体。〕

【教学过程】

● 版块一　读诗题，了解长征

1. 导入：同学们，本单元我们一起走近毛泽东，通过三篇课文的学习，我们已经感受到他是一位深受人民爱戴的领袖，是一位深深爱着儿子的父亲，也是一位时刻把群众放在心上的首长。那么今天我们将学习《七律·长征》，去感受他作为诗人的情怀。齐读课题。

〔设计意图：以单元主题"走近毛泽东"导入新课，先回顾总结学过的《开国大典》《青山处处埋忠骨》《毛主席在花山》三课，感受毛泽东作为领袖、父亲、首长不同侧面的形象，进而引发期待，通过本课的学习去感受毛泽东作为诗人的情怀。〕

2. 七律是一种诗歌体裁，哪个小组来汇报一下你们对它的了解？

小组上台汇报，学生补充、评价。

教师预设问题补充：你们有没有发现这首诗二、四、六、八句最后一个字有什么规律？押什么韵？学生回答。

教师小结：七律是七言律诗的简称。一首八句，每句七个字，二、四、六、八句要押韵，格律比较严格。

3. 间隔号后面的"长征"是这首诗的题目，那你们对长征又有哪些了解呢？哪个小组来汇报？

小组上台汇报，学生补充、评价。

教师小结补充：同学们，看屏幕，1934年，国民党军队向根据地发起进攻，由于党内一些领导人作出错误的判断，我军战败，红军被迫转移。1934年10月，他们从江西瑞金出发，一路西行，过五岭，跨乌蒙，巧渡金沙江，飞夺泸定桥，走过人迹罕至的茫茫草地，跨越终年不化的大雪山，终于在1935年10月到达陕北。红军就是这样靠着自己的双脚，顶着敌人的枪炮走完了这两万五千里长征。当时的毛主席回顾走过的路程，心潮澎湃，挥笔写下《长征》一诗。

〔设计意图：学生围绕第一条任务，通过查阅资料、组内交流的方式，对七律这种诗歌体裁和长征的背景资料有了初步了解。课堂上学生通过汇报展示自己的学习成果，生生之间可以互动补充，教师还可以结合学生的汇报进行提问、小结，转变以往教师单纯传授知识的方式，真正体现以学定教的理念。小组合作探究汇报的形式，也比以往个别同学的回答更加深入、系统，更能激发学生的学习兴趣和学习成就感。至此，学习目标中的"结合本诗了解'七律'这种诗歌体裁"已经实现，对长征背景资料的认识也为后文的学习奠定了基础。〕

●版块二 认读字词，初读课文

1.接下来就让我们读一读这首诗，哪个组想来展示？先读词语，再展示朗读。小组展示、评价。

2.哪个小组有信心比他们读得更好？展示、评价。

小结补充：同学们，这首诗有很鲜明的韵律和节奏，我们试着来读一读。

〔设计意图：这一环节对应第二条任务，因为要站到台上展示朗读，所以学生在预习时更加用心。小组可以采用多种形式展示朗读，有效调动学生的朗读积极性，也高效地达成了学习目标中认读生字和正确、流利地朗读课文的要求。〕

●版块三 品读诗歌，探究文本

同学们，五十六个字描写了一段历史，展现了一幅幅画面。两万五千里长征可谓困难重重，接下来就让我们一起品一品这首诗。之前同学们已经结合任务单进行了自学与交流，请一位同学再来读一读任务单第三条的要求。（指名读）

接下来，我们就分联来汇报各组的学习成果。

（一）首联

1. 小组汇报讨论成果，其他小组补充、评价。

预设：学生通过组内汇报、组间补充等方式，能够抓住"万水千山"一词并联系课后资料袋的内容体会长征的艰难，也能抓住"不怕""只等闲"来感受毛泽东与红军战士的英勇无畏的精神。

2. 教师追问：你有没有发现这一联和后三联有什么关系？这一联在全诗起着什么作用？（学生发言：这一联是全诗的中心句，起着总领全诗的作用。）

3. 教师小结：后面的三联就是选取了"万水千山"的几个典型事件来写的，写出了长征的艰难（板书：远征难）和红军的态度（板书：只等闲）。

〔设计意图：结合任务单第三条提出的问题，学生分联探讨，降低学习难度，体会也会更加深刻。首联在全诗中所起的作用，学生不易察觉，需要教师的点拨。〕

（二）颔联

1. 小组汇报讨论成果，其他小组补充、评价。

预设：学生通过汇报、补充，基本上能够抓住"五岭逶迤、乌蒙磅礴"，并联系所查资料体会长征之艰难，部分同学能够发现"腾细浪、走泥丸"这一比喻写法所体现出的乐观无畏的精神。

2. 教师相机渲染：

（出图）你看，这就是五岭山脉，跨越四省边境，绵延千里。红军在这里一走就是两个多月，不知道有多少战士饿死战死在山中。

这就是乌蒙山，海拔两千多米，最高处可达4200米，直插云霄。红军经过此山的时候已是寒冬腊月，红军战士缺粮缺水，经受着极端严峻的考验。

然而，在毛泽东的诗句里，绵延千里的五岭山脉此刻成了——翻腾着的细小波浪，那高耸入云的乌蒙山就像是——脚边滚动的泥球。（指导学生有感情地朗读）

3. 教师追问：我还有个疑问，"逶迤、磅礴"两个词都是形容山的样子，它们的位置能互换吗？学生思考，回答。

不能互换，因为"逶迤"的意思是弯弯曲曲、连绵不断。这里的五岭是五座山，绵延千里，用"逶迤"形容比较准确；而乌蒙山只是一座山，所以它不可能是连绵不断的，不能用"逶迤"这个词来形容。"磅礴"的意思是山势高大险峻，可以用来形容乌蒙山的样子。从这里我们可以看出毛泽东在诗句里用词是多么准确生动。

〔设计意图：教师在备课时要有充分预设，要明白哪些内容是学生能够通过自学掌握的，哪些是学生学习起来比较困难的。在这一联的学习中，对"逶迤、磅礴"的深入理解，体会诗歌用词的准确生动，是学生可能无法通过自学完成的问题，需要教师进行追问、点拨，教师要心中有数。〕

（三）颈联

1.小组汇报讨论成果，其他小组补充、评价。

预设：学生能够通过讨论补充、联系资料，体会飞夺泸定桥的惊心动魄，进而体会长征的艰难，但对于诗句中一"暖"一"寒"的对比不能深入理解。

2.教师追问、点拨、渲染：

这里为我们介绍了两场战役：巧渡金沙江、飞夺泸定桥，同样是战役，为什么是一暖一寒呢？（学生结合资料谈理解）

红军不费一枪一弹就渡过了金沙江，此时的心情是怎样的？暖，不是天气暖，是心里开心啊！

与"暖"相反，那就是大渡河上的"寒"！这就是大渡河上的泸定桥，当时疯狂的国民党军队为了阻止红军过河，竟将桥上原有的木板全部拆掉，只剩下这13根闪着寒光的铁链。我们可以想象，桥下是……桥上是……桥头还有敌人黑洞洞的枪口，怎一个寒字了得！22位勇士在饱受一夜风雨、腹中无食的情况下，仍旧吹响了战斗的号角！你听——（播放影片）。

同学们，这是一场艰苦卓绝的战斗。当毛主席率领大部队走过泸定桥的时候，弥漫的硝烟还没有散去，铁索上还残留着战士们的鲜血。万里长征的胜利，正是这些红军战士用生命铺就的。指导有感情地朗读。

〔设计意图：同样是战役，为什么是一暖一寒呢？通过对这一问题的追问，让学生把目光转移到语言文字上来，透过这一"暖"一"寒"体会文字背

后的深意。教师的渲染、影片资料的播放都是为了让学生有进一步的感受。指导有感情地朗读。〕

（四）尾联

1. 小组汇报讨论成果，其他小组补充、评价。

2. 教师追问、点拨：

终年积雪的岷山，每走一步都是那么艰难。粮食缺乏，天气寒冷，无数战士倒下就再也没能站起来。但在毛泽东的诗句里我们看不到一丝害怕，他反而用了一个"喜"字，为什么？

红军的喜悦也感染着我们，让我们敞开胸怀一起来读。

〔设计意图：至此，任务单第三条完成，在这一过程中，学习目标中"通过推想或查词典理解'逶迤、磅礴'等词语的意思，体会诗歌用词的生动准确；体会比喻、夸张的表达手法及作者使用这种手法准确表达情感的妙处。借助资料理解诗意，体会长征的艰难，感受毛泽东及中国工农红军大无畏的革命精神和英勇豪迈的气概"也有效达成。〕

●版块四 总结升华，感受伟人风采

五十六个字，负载着长征路上的千难万险，饱含着毛泽东与红军战士的豪情壮志。此时此刻再读这首诗，你一定有了更深的感悟。谁想来有感情地朗读整首诗？

尝试背诵：现在能背诵这首诗的同学请起立，背不过的可以看着屏幕，我们一起来试一试。

总结：这节课，我们一起领略了毛泽东作为诗人的情怀，其实在他的许多诗词中我们都能感受到他这种旷达的胸襟和豪迈的气概，课下同学们可以读一读毛泽东的其他诗词，或有关长征的其他作品。

〔设计意图：本环节对应任务单第四、五条，有效实现了"有感情地朗读课文，背诵课文"这一学习目标。最后的总结拓展能够使学生对毛泽东有更全面的认识，也激发了学生阅读毛泽东其他诗词的兴趣，将学习延伸至课外。〕

【作业设计】

1. 搜集毛泽东的其他诗词，如《卜算子·咏梅》《沁园春·雪》《沁园春·长沙》等，继续搜集有关长征的诗歌及故事，如《七根火柴》《金色的鱼钩》等。

2. 有兴趣的同学可以尝试把这首诗改写成一篇激情澎湃的短文。

【板书设计】

（周雪娇）

《丝绸之路》教学设计

【教学内容】

本文是人教版小学语文教科书五年级下册第一组的一篇略读课文。本组的主题是"走进西部"，《丝绸之路》再现了发生在两千多年前这条伟大之路上中西方文化交流、商贸往来生动的一幕，表明了这条交通要道对东西方经济文化交流和增进各国人民间友谊的重大作用。作者的民族自豪感洋溢在字里行间，引起读者对昔日西部繁荣昌盛景象的遐想。

【教学目标及流程】

本课教学一课时完成，重点探究：

抓住主要内容，理解含义深刻的句子，了解西部灿烂的历史，体会丝绸之路的重要作用。

【教学准备】

1.教师准备：课件，阅读材料，任务单，微视频。

2.学生准备：预习课文，完成任务单，搜集与丝绸之路有关的资料。

【教学时数】一课时。

【教学过程】

⬤**版块一** 导入新课

1. 同学们，我们先来听一首歌，你知道这首歌的名字吗？（播放那英演唱的《丝路》）

丝路就是丝绸之路的简称，今天让我们一起走近丝绸之路。

2. 你对"丝绸之路"有哪些了解？

老师小结：正如同学们所说，丝绸之路是古代横贯亚欧的通道。出示课件，指着地图说，它东起我国的汉唐古都长安，往西经过……一直延伸到罗马。丝绸之路对历史上东西方国家政治、经济、文化的交流和增进各国人民之间的友谊都做出了重大贡献。

3. 出示浮雕的图片，这是人们纪念"丝绸之路"的石雕，每个人走到这里，都会驻足遐想。今天，我们就跟着作者一起去遐想……

〔设计意图：本篇课文介绍了西部灿烂的历史文化，学生对西部缺乏了解，但五年级的学生已经具备了相应的电脑知识，会利用网络搜集有用的信息。因此，课前布置学生搜集与西部、丝绸之路有关的资料，使学生对丝绸之路有一个感性的认识，从而产生探究的兴趣，有助于其对课文的理解。〕

⬤**版块二** 根据学情，检查预习

1. 同学们利用任务单进行了自学，这些词语你都会读了吗？（课件出示词语）

矗立　大漠　鸵鸟　匕首　商贸　芝麻　高鼻凹眼　身着戎装　循着铃声
美轮美奂

2. 课件出示任务二："课文讲了哪些内容？"

请同学们先在小组内交流，一会儿汇报。

方法提示：只要弄清每一部分写了什么，把它们合起来就是课文的主要内容。谁来说一说这篇课文的主要内容？

作者先描写了矗立在陕西西安市的"丝绸之路"的巨型石雕，遐想了两千多年前汉代张骞的副使与安息国的将军在边境上互赠礼物的场面。最后写了丝绸之路对中西方国家经济、文化交流的促进与商业、贸易的繁荣所起的重大作用。

〔设计意图：五年级学生已经养成了主动识字的习惯，会使用字典、词典。对课文内容的理解，借助学法提示也基本能独立进行。因此任务单的前两个题就设计为让学生自读本课的生字词和写一写课文的主要内容。〕

● 版块三　学习课文

过渡：联合国教科文组织将丝绸之路称为"对话之路"，当代的中国人称它为"开放之路"，文中所写的中国使者说了什么？（让学生读使者的话）课件出示任务三，中国使者说："没想到，一条道路将远隔千里的我们联系在了一起，这真是一条伟大的路呀！"请抓住关键词句在文中做批注。

1. 小组合作学习，交流一下自己做的批注，然后在班内交流。

2. 根据学生回答及时总结板书：友谊之路、文化之路、商贸之路。

反馈交流：

（1）感受"友谊之路"：交流、生发。

安息国臣民等待时的"浩浩荡荡的大军在边境迎候"，刚出现骆驼队时人们的"欢呼""奏乐""欢腾"，中国使臣的"大步向前""满面笑容"，安息国将军的"翻身下马""高兴地连连点头"。从这些地方，可以看出两国的友好与融洽。

点拨：迎候之远——边境线上；迎候之众——感受"浩浩荡荡"的意思，读出浩荡的气势，然后引史实以佐证：20000多人；迎候之热情——表情、语言、动作、礼物、节目。

小结：一条路，打通了隔膜，增进了了解，加深了友谊，这怎能不是一条伟大的路呢？有感情地再读中国使者的话——"没想到，一条道路将远隔千里的我们联系在了一起，这真是一条伟大的路呀！"

预设：如果学生把后面的商贸之路、文化之路都说了，可以不要。

（2）感受商贸之路。

① 学生汇报：我从第十三自然段"从那以后……也传进了我国"这段文字中知道了，丝绸之路将中国的养蚕、冶铁等技术带向国外，将国外的葡萄、核

桃等食品带到中国，促进了经济或者科技的发展。

预设：古代中国在很多方面处于世界领先水平，在交易的过程中，中国输出的是先进的技术，而其他国家输出的则是动植物等。

② 老师小结：的确如此！当时的汉朝正处在繁荣时期，古都长安这个繁华的东方大都市，成了政治、经济、文化交流的中心。所以，丝绸之路上才出现了"使者往来不断，商贩不绝于旅"的情景。

（3）感受文化之路。

① 学生汇报：我从"我国的音乐、舞蹈、绘画、雕刻，由于吸收外来文化的长处，变得更加丰富多彩，美轮美奂"，知道了丝绸之路还是一条文化之路。因为……

② 老师补充：同学们听说过杨贵妃吗？杨贵妃是唐玄宗最宠爱的妃子，其善跳胡旋舞，说明了这种舞蹈在当时的风行。已故北京大学历史系教授向达先生曾撰有长篇论文《唐代长安与西域文明》，我们可以从这篇史学名作中一览唐代长安的种种胡化景象。

小结：丝绸之路犹如一条彩带，将古代亚洲、欧洲的古文明联系在了一起，促进了东西方文明的交流。在绵延的丝绸之路古道上，遗留下了大量的文明古迹，传达给人们超越国界和民族差异的精神共鸣，这怎能不是一条伟大的路呢？再次有感情地读中国使者的话——"没想到，一条道路将远隔千里的我们联系在了一起，这真是一条伟大的路呀！"

〔设计意图：学生对丝绸之路的重要作用不好理解，因此我在任务单中设计了"为什么中国使者说'没想到，一条道路将远隔千里的我们联系在了一起，这真是一条伟大的路呀'？请抓住关键词句在文中做批注。"有了这个抓手，学生在学习的时候就能够有章可循了。〕

●版块四 微视频介绍丝绸之路产生的背景及故事

1. 这条路的开辟可不像作者描绘的这样一路坦途，一路友好，请听听我们班的××同学对历史于老师的采访吧！

播放微视频。

2. 总结：看了微视频，你对丝绸之路有了更深的了解吧？你还知道哪些关于丝绸之路的历史故事呢？

〔设计意图：播放采访历史老师的片段，让学生体会张骞的坚韧、勇气、智慧、执着和强烈的责任感、使命感，进而产生民族自豪感，达到工具性和人文性的统一。〕

●版块五　拓展阅读

1. 在任务单反面呈现了《张骞通西域》这篇文章，请同学们读一读，并完成下面两个任务。

2. 出示阅读提示：

（1）默读文章，边读边想，张骞在出使西域的途中会遇到哪些困难？

（2）用一两句话写写张骞是个怎样的人。

〔设计意图：拓展阅读正是《丝绸之路》和微视频的拓展与延伸。通过拓展阅读，学生了解了张骞在出使西域的途中遇到的困难，对张骞这个人物形象有了更深的了解。〕

●版块六　总结升华，领会现代意义

两千多年后的今天，每当人们凝望着这座石雕，作者就仿佛看到了当年丝绸之路上商旅不绝的景象，仿佛听到了飘忽在大漠中的悠悠驼铃声。丝绸之路对古代经济、文明的交流做出了巨大贡献。丝绸之路在祖国的西部，感召着我们参与西部大开发，让这片沙漠之地成为中国与中亚、西亚，乃至欧洲各民族友好往来的通道。

【板书设计】

	友谊之路
2　丝绸之路	商贸之路
	文化之路

附：

丝绸之路任务单（一课时）

一、本课的生字词你都会读吗？

蠹立　大漠　鸵鸟　匕首　商贸　芝麻　身着戎装　循着铃声　高鼻凹眼
美轮美奂

二、学习课文，默读课文，思考一下：

1. 课文讲了哪些内容？

2. 为什么中国使者说"没想到，一条道路将远隔千里的我们联系在了一起，这真是一条伟大的路呀"？请抓住关键词句在文中做批注。

（朱淑慧）

《伯牙绝弦》教学设计

【教学内容】

《伯牙绝弦》是人教版语文六年级上册第八组的一篇文言文，是小学阶段所学的第二篇古文。这个单元的主题是"感受艺术的魅力"。本课叙述了发生在春秋时代的一段千古流传的故事，行文简洁、流畅，不足百字，却又荡气回肠、耐人寻味。俞伯牙善于鼓琴，钟子期善于悟琴，伯牙以子期为知音，后来子期不幸身亡，伯牙悲痛欲绝，将琴摔碎，发誓再不鼓琴。由于这个传说，人们把真正了解自己的人叫做"知音"，用"高山流水"比喻乐曲高妙或知心朋友。

【教学目标及流程】

本课教学分两课时完成。

第一课时，学生自学任务单：

1. 正确、流利地朗读课文。

2. 通过借助注释、联系上下文或查工具书等方法，理解下面词语的意思。

（1）伯牙善鼓琴　　　　　　善：　　　　　鼓：

（2）伯牙鼓琴，志在高山　　志：

（3）善哉，峨峨兮若泰山　　善：　　　　　哉：

　　　　　　　　　　　　　　峨峨：　　　　兮：

（4）善哉，洋洋兮若江河　　洋洋：　　　　江河：

（5）伯牙所念，钟子期必得之　念：

（6）伯牙谓世再无知音　　　谓：　　　　　知音：

3.抓住关键字的意思，说说每句话的意思。并写出这几句话的意思。

伯牙鼓琴，志在高山，钟子期曰："善哉，峨峨兮若泰山！"志在流水，钟子期曰："善哉，洋洋兮若江河！"伯牙所念，钟子期必得之。

4.默读二、三、四句，你从哪里感受到伯牙和钟子期是知音？请结合文中语句谈谈你的体会。

第二课时，根据第一课时的自学情况，落实字词句的理解，重点探究：

1.正确、流利、有感情地朗读课文，读出文言文的节奏和韵味。

2.能根据注释和上下文理解文意，能用自己的话讲讲这个故事。

3.体会伯牙和子期成为知音的过程，感受中华知音文化。

【教学重难点】

重点：理解词句的意思，能用自己的话讲讲这个故事，感受朋友之间相互理解的真挚友情，体会文言文表达的音乐艺术魅力。

难点：体会伯牙为纪念子期而破琴绝弦的情感，感受中华知音文化。

【教学准备】

1.教师准备：做好PPT；出好任务单并提前下发给学生。

2.学生准备：按任务单进行自主学习，查阅相关资料。

【教学时数】两课时。

【教学过程】

第一课时（略）

第二课时

● **版块一** 回顾单元主题，导入课题

读单元导语，明确单元学习目标。（板书：25 伯牙绝弦）

结合注释理解"绝弦"一词。

瑶琴资料：此琴乃伏羲氏所琢，琴长三尺六寸五分，比喻一年的光阴365天；琴宽四寸，比喻一年的四季。抚到极致，啸虎闻而不吼，哀猿听而不啼。此乃瑶池之乐，故名瑶琴。

而伯牙却要摔碎如此珍贵、如此难得的琴，终身不复鼓，这是为何呢？今天就让我们一起走进伯牙绝弦的故事。

〔设计意图：对"绝弦"二字的解读，便于学生理解本篇文章。通过"瑶琴"来历的小故事，引发学生对伯牙为何破琴绝弦的思考。〕

● **版块二** 指导诵读，读出文言文的节奏韵味

1. 读正确，读流利。

课前同学们学习了任务单，哪个同学来展示课文的朗读？

2. 读懂难字，读通句子。

出示：子期死，伯牙谓世再无知音。

理解"谓"的意思，就能读懂此句的意思。男生读，女生读。

3. 读好停顿，读出节奏。

伯牙/善/鼓琴，钟子期/善听。伯牙鼓琴，志在高山，钟子期曰："善哉，峨峨兮/若/泰山！"志在流水，钟子期曰："善哉，洋洋兮/若/江河！"伯牙/所念，钟子期/必得之。子期死，伯牙/谓/世再无知音，乃/破琴/绝弦，终身/不复鼓。

谁能借助老师提供的停顿提示，读出课文的节奏呢？

"哉"和"兮"是语气词，读的时候把它拉长一些，古文的韵味就出来了。齐读。

〔设计意图："书读百遍其义自见"，本设计通过多种形式的读，让学生熟悉文本，为下文的理解句义作铺垫。〕

● 版块三 感受知音相遇的其乐融融

1. 理解句意。

本文的主人公是谁？（板书：伯牙 子期）

你能结合插图，判断出谁是伯牙，谁是子期吗？你是怎么判断的？

伯牙善鼓琴，钟子期善听。

理解"善"和"鼓"的意思，读懂第一句的意思。

正因为伯牙善鼓琴，钟子期善听，两人仿佛注定要成为知音。

接下来，请小组合作学习二三四句，结合注释理解关键词的意思，尝试用现代文表述每句话。指导学生用自己的话翻译这段文字。

这段文字中有两个"善"字，和第一句中的"善"意思一样吗？

一个字在不同的语境中意思是不一样的，这就叫"一字多义"，我们要学会结合具体的语境来理解。指定学生读。

2. 感受知音。

伯牙，春秋战国时期晋国的上大夫，是当时著名的琴师，技艺高超，被人尊为"琴仙"。钟子期，春秋楚国人，是一个戴斗笠、披蓑衣、拿板斧的樵夫。他们身份悬殊，却成为知音。对"知音"一词你是怎么理解的？

伯牙所念，钟子期必得之，这就是知音！无论伯牙弹什么，子期都能听出来且表达出来加以称赞，这就是知音！"身无彩凤双飞翼，心有灵犀一点通"，这就是知音！

3. 想象朗读。

让我们重温两千多年前那一次难忘的知音相遇。伯牙席地而坐，他志在高山，挥指之间，苍劲浑厚的琴声在山间飘荡。子期啊，你仿佛看到了怎样的高山？于是，你情不自禁地高声赞叹——善哉，峨峨兮若泰山！

当伯牙志在流水，转轴拨弦，轻灵激荡的乐曲在山间流淌。子期啊，你仿佛看到了怎样的流水？于是，你情不自禁地高声赞叹——善哉，洋洋兮若江河！

齐读。

伯牙所念，念的是什么？

这仅仅是伯牙的一时所念吗？它还蕴藏着伯牙的志向和胸怀。

这种志向、这种胸怀，子期听出来了吗？

用课文的一句话回答就是——伯牙所念，钟子期必得之。

琴以言志，这是我国悠久的古琴文化，这也是伯牙和子期成为知音的真正原因。

4.配合朗读。

师生合作读。

伯牙和子期是何等和谐！何等默契！何等幸福！从此，高山流水就成了知音的象征，伯牙、子期就成了知音的代表！

5.熟读成诵。

〔设计意图：本环节以伯牙、子期成为知音的过程为线索，通过小组合作来理解全文的意思，并在此基础上展开多种形式的朗读，加深了学生对文章的理解，让学生在一次次的诵读中感悟知音的魅力，体会知音相遇的其乐融融。〕

● 版块四　感受痛失知音的肝肠寸断

传说这一次高山流水的知音相遇让伯牙和子期都相见恨晚。他们约定了第二年中秋再来相会，终于等到第二年的中秋，伯牙兴致满满地赶来与子期相会，只可惜天意弄人啊！（播放背景音乐《伯牙悼子期》）伯牙面对的不是子期的人，而是子期冰冷的墓碑。读——

子期死，伯牙谓世再无知音，乃破琴绝弦，终身不复鼓。

伯牙绝弦，是绝了所有的期待、所有的愿望，这真是一曲肝肠断，天涯无处觅知音啊！

〔设计意图：在其乐融融的知音相遇之后，通过悲怆的背景音乐帮助学生产生感情的强烈共鸣，感受痛失知音的肝肠寸断。〕

● 版块五　拓展阅读，感受中华知音文化

同学们，一曲高山流水让伯牙、子期相遇、相识、相知，成为心灵相契的知音，这就是艺术的魅力！从此，高山流水遇知音的故事在华夏大地传为美谈，冯梦龙根据这个传说创作了《俞伯牙摔琴谢知音》，推荐同学们课下阅读！

〔设计意图：打开学生的阅读视野，激发学生阅读《俞伯牙摔琴谢知音》，在课外阅读中继续感受中华知音文化。〕

【板书设计】

（张妍妍）

《卖火柴的小女孩》教学设计

【教学内容】

本文是人教版语文六年级下册第四组课文中的第一篇，是丹麦作家安徒生的一篇著名童话，讲述了一个卖火柴的小女孩大年夜冻死在街头的故事。写实和写虚交替进行，美丽的幻象和残酷的现实更迭出现，是这篇童话的特点，也是这个凄美的故事最打动人心的地方。本单元主题是"走进外国名篇名著"，阅读时要把握主要内容，体会作品中人物的思想感情，关心人物的命运。

【教学目标及流程】

本课教学分两课时完成。

第一课时，学生自学任务单：

1.熟读课文。

2.能正确读写"乖巧、围裙、硬币、裂缝、橱窗、圣诞树、兜着、喷香"等词语。

（1）"兜"的笔顺是：_____；

（2）选择正确的读音。我知道，火柴一灭，您就会不见的，像那暖和

（huo　he）的火炉，喷（pēn pèn）香的烤鹅，美丽的圣诞树一个样，就会不见的！

3.填空。

本文是丹麦作家的一篇童话，讲述了一个_____的故事。

4.仔细读课文，想想这是一个怎样的小女孩，你是从哪些语句中体会到的，勾画出相关的语句，并做简单的批注。

第二课时，根据第一课时的自学情况，落实字词，重点探究：

1.把握课文内容，切实关注小女孩的命运，深入体会作者的思想感情；

2.了解作者实虚结合的写法，体会这样表达的效果；

3.通过深入阅读文本，使学生走近安徒生，重新认识《安徒生童话》的意义。

【教学准备】

1.教师准备：做好课件；出好任务单并提前下发给学生。

2.学生准备：按任务单进行自主学习。

【教学时数】两课时。

【教学过程】

第一课时（略）

第二课时

●版块一　关注体裁，导入新课

1.同学们，今天，我们学习一篇经典童话——《卖火柴的小女孩》。之所以说它是经典，是因为它经得起重读，幼儿园时我们听老师读过，听妈妈讲过，今天我们在课堂上要阅读，长到老师这么大还愿意阅读，因为每次读它，都会带给我们新的感动与思考。齐读课题。学习一篇经典童话，我们一般要做这五件事儿：了解一个作者，概述一个故事，认识一个人物，学习一种写法，产生一个思想（板书）。

2.介绍作者。

本文作者是丹麦作家安徒生，你对他有哪些了解？老师也查阅了他的相关资料。

这是一位非常崇拜安徒生的读者写下的一段话：

家境贫寒，出身平民，父亲鞋匠，母亲洗衣工，早年丧父。历经底层人民生活的疾苦，让他阅尽人世间冷暖与孤独。所以他多以悲剧的形式歌颂着人类高尚的情感，涤荡着人类灵魂深处的污浊。——海棠

〔设计意图：1.导入引起阅读期待，让学生明白这样一篇很"古老"的童话故事，为什么要在课堂上再读，今天的阅读要与以往的阅读有所不同。2.用一位读者的感悟作为对安徒生的介绍，会加深学生的记忆，这远比给一段简介的材料效果要好。〕

●版块二　根据学情，检查预习

1.读生词，1组派一人。（评价）

2.听写，2组、3组各派一人爬黑板：写"圣诞树""兜着"。大家关注他们的笔顺。（评价）

3.抽读课文，第一、九两段。关注"喷香"的读音，关注第九段中几个感叹句的语气。（评价）

4.把握主要内容：本文主要讲了一个怎样的故事？

预设：本文讲了一个卖火柴的小女孩在大年夜冻死街头的故事。（关键的时间、地点一定要交待清楚，这对人物形象的理解至关重要。）

〔设计意图：以上四点，学生能根据自己已有的能力进行自学，完成学习，学生会的，老师不讲。〕

●版块三　把握人物命运，了解"实写"

1.交流任务4：想一想，你读到了一个怎样的小女孩？画出相关的语句，小组内进行交流，以备汇报。

预设：学生会抓住对天气的描写，对小女孩衣着外貌的描写，感受到她十分寒冷；从小男孩欺侮她、马车漠视她、路人不同情她的描写中，可以感受到小女孩十分孤独、无助；从她的爸爸会打她，她的家里和街上一样冷的描写

中，感受到小女孩内心十分苦楚。所以她是个可怜的孩子。

过渡：这么小的年纪，本该是依偎在父母身边享受童年的，然而，她却遭遇这么多不幸。一个"可怜"怎么能承受她的痛呢！

2.小组合作朗读二、三段。（评价）

小结：不论是环境描写，对小女孩的外貌描写，还是对周围人对小女孩的态度的描写，都是对小女孩真实处境的描写，都写出了小女孩的可怜，我们把这种直接描述事实、正面表现人物的写法叫做实写。（板书）

〔设计意图：把握人物命运这一点，学生透过语言文字，根据自己已有的语文阅读能力、情感态度能够做出判断。对于实写这一说法，是第一次接触，所以要讲明白。〕

● 版块四 感受童话中那份幸福的悲凉，认识虚写

1.这无疑是一个悲剧，但是，在文章的后半部分，这个悲剧在安徒生笔下却散发着一种幸福的气息。你感受到了吗？画出相关的句子。

（1）画句子，同学之间互相交流补充。

（2）能概括她因何而幸福吗？小组合作（学生概括，教师板书）。

$$可怜 \begin{cases} 寒冷 & 火炉 \\ 饥饿 & 烤鹅 \\ 痛苦 & 圣诞树 \\ 孤独 & 奶奶 \end{cases}$$

老师过渡，这神奇的火柴带给了她短暂的幸福。在小女孩的心中，幸福是什么？（预设：幸福就是寒冷时有一盏热乎乎的火炉，是饥饿时有一只喷香的烤鹅，是节日里有一棵美丽的圣诞树，是孤独时有慈爱的奶奶陪伴。）这就是小女孩渴望的全部幸福啊。

（3）你能体会着小女孩的心情，读出她那片刻的幸福吗？选择一处，读一读，一会儿展示。

学生读，教师指导。（评价）

2. 体会何谓虚写。

评价过渡：你读出了那份神奇与幸福。然而，这所有的幸福都是虚幻的，如果说前半部分是实写，那这部分就是虚写。（板书）

（1）作者为什么要一次又一次写那虚幻的美好呢？真实的目的是什么呢？

预设：对比，衬托，用虚幻的美好衬托出小女孩现实的悲惨。

小结，这就是虚实结合的写法，写虚幻的美好是为衬托现实的悲凉，形成强烈的对比，从而写尽了小女孩的悲惨命运。这种写法是第一次见到，你懂了吗？测验一下。

（2）出示图片，虚为实服务，分清实、虚。

〔设计意图：了解什么是虚写，虚实结合的写法有什么好处，这是难点，要让学生在读中感受到这种写法的张力与妙处。这是第一次接触虚实结合的写法，只要求认识，不要求运用。〕

●版块五 理解含义深刻的句子，领悟童话的现实意义、人文情怀

1. 这种以虚写实的写法在本文随处可见，写虚幻的美好是为衬托对比现实中小女孩命运的悲惨。学到这儿，我想，你们对这两句话一定理解了。

出示句子：

她俩在光明和快乐中飞走了，越飞越高，飞到那没有寒冷，没有饥饿，也没有痛苦的地方去了。

（1）这是一句虚写，那实际表达了什么呢？

预设1： "飞走了"是虚写，实际上是指"她死了"。"那没有寒冷，没有饥饿，也没有痛苦的地方"是指天堂，是虚写，实际上是写小女孩活在世上只有寒冷，只有饥饿，只有痛苦。以虚写实，看似写虚幻的天堂美好，实则在批判现实的冷酷。

出示句子：

谁也不知道她曾经看到过多么美丽的东西，她曾经多么幸福，跟着她奶奶一起走向新年的幸福中去。

（2）这是一句虚写，那实际表达了什么呢？

预设：幸福1，她在幻觉中看到了她对生活所有的向往：温暖、饱腹、快乐

与疼爱（火炉、烤鹅、圣诞树、奶奶），让她感到幸福；

幸福2，是她死了，离开了这个冷酷的社会。摆脱痛苦，何尝不是一种幸福？

以虚写实，看似写虚幻的天堂幸福，实则在批判现实的冷酷。一个人只有死了才能摆脱痛苦，这是一种怎样的悲哀？

2.体会作者的思想感情

过渡：同学们，其实有很多种可能小女孩都不会死去，这个悲剧也不会发生。

预设：如果有人给她一件棉衣，如果有人给她一个面包，如果有人把她带回家里暖和一下，如果爸爸带着她一起卖火柴，如果回家不因卖不出去火柴而打她，这个悲剧也就不会发生……

小结：如果这个社会上的人多点爱，这个悲剧就不会发生。你们领悟到的情感正是安徒生所要表达的情感，他蘸着泪水写下对小女孩一样穷苦人的同情，写出了对社会黑暗的批判。

〔设计意图：通过文中的两个句子，进一步理解以虚写实的写法，理解句子实际表达的意思以及作者的情感，巧用"如果"擦亮学生心中的善良，这也是落实本课的人文主题。〕

●版块六 回顾全文，产生一种思想

追问：经典贵在重读，今天，安徒生的这个故事带给你怎样的思考呢？

预设：不论是你是我，是街头的流浪者，还是手握重金的富豪，抑或是权倾朝野的官员，在生命面前，都是一样的尊贵，我们都需要敬畏生命，要有同情有帮助，要互相温暖，不歧视残障，不欺凌弱小，这才是应有的人情味儿。

老师小结：童话虽然是虚构的，但它真实地反映社会现象。安徒生生活的时代，贫富差距很大，像小女孩这样贫穷的人很多，他满怀同情地将这些穷苦人的命运写成了童话，呼唤人们的善良，批判贫富不均、人情冷漠的社会，这便是童话的力量。

出示：童话的力量，在于唤起人们心中的善念，让灵魂更加安宁。——海棠

小结：今天我们学习了这篇童话，了解了一个故事，知道了一个作者，了解了一个小女孩的悲惨命运，我们还了解了一种写法，产生了一种思考。学习

一部童话，就要有如此的收获。

〔设计意图：学有所思，学有所获，每当学完一篇都要进行梳理，总结自己的所获，让学生觉得自己走出教室与刚刚进来时已经有所不同。〕

●**版块七**　推荐阅读

今天，我们按照这五步学习了这篇童话，老师再给大家推荐一篇《安徒生的童话》中的《母亲的故事》，也值得我们阅读。你可以尝试用这五步法进行阅读。

【板书设计】

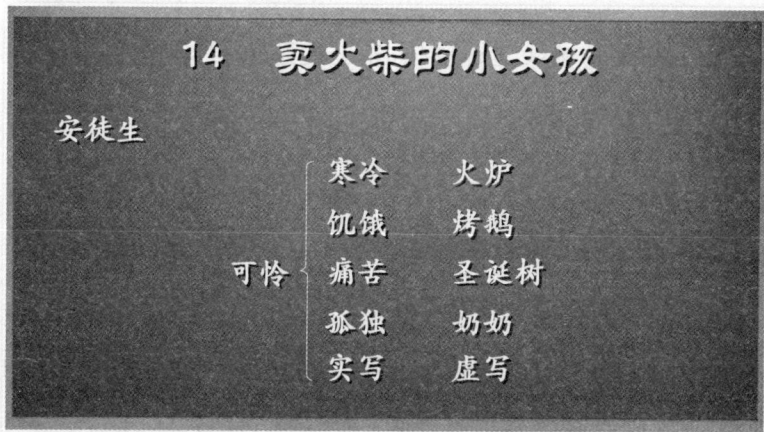

（于海棠）

第二章 "以文带文"教学案例

古文《杨氏之子》《晏子使楚》教学设计

【设计思路】

人教版语文五年级下册第三组课文围绕"语言的艺术"这一专题编排，包括文言文《杨氏之子》、现代文《晏子使楚》、剧本《半截蜡烛》和相声《打电话》四篇课文。《杨氏之子》是本组第一篇课文，也是小学阶段第一篇文言文，短短数十字的文章通过精巧机趣的语言交锋展现了杨氏之子的"甚聪惠"。《晏子使楚》主要写晏子面对楚王的侮辱机智应答，维护了自己和祖国的尊严，充分展现了他的能言善辩和智慧过人。两篇课文有很多相似点："语言的艺术"都体现在人物的对话中，人物形象都在对话之中树立起来，且都是古代的故事，都可以用文言文表达出来。基于此，我决定整合课内外教学资源，在学完古文《杨氏之子》后再带入古文《晏子使楚》两个小片段的学习，既巩固了学生初次学习古文的新鲜感与好奇心，又充实了课堂容量，让学生充分体会语言的艺术和文言语言的精练。

与此同时，教学中我还力图借助任务单，给学生以自主合作学习的机会，培养学生的自主学习能力。任务单的内容设计与本课教学目标是一脉相承的，它是学生进行自主学习的工具和阶梯。学生在第一课时依据任务单开展自学——正确流利地朗读古文并尝试读好停顿，借助注释或联系上下文弄明白古字今义，大致通览文意等，教师巡视指导学生自学；第二课时教师依据教学目标组织教学，其间引导学生汇报自学成果，教师点拨、提升，通过生生之间、师生之间的多维互动落实各项教学目标。结合学生实际，制订本课教学目标：1.正确、流利、有感情地朗读课文，背诵课文《杨氏之子》。2.借助注释或通过联系上下文、查字典等方法理解古文词句的意思，了解课文内容。3.领略文中人物对话语言的艺术魅力，初步体会古文语言的精练。

围绕本课教学目标，设计任务单如下：

1. 正确、流利地朗读课文《杨氏之子》，借助提示符号读好停顿。（提示符号略）

2. 借助注释或联系上下文，理解加点字词的意思，并说说每句话的意思。

3. 默读课文，想一想：杨氏之子"甚聪惠"体现在哪里？结合文中相关词句，谈谈你的体会。

同学们，自学完《杨氏之子》一课，你一定初步领略了人物说话的机智与妙趣。古代大思想家、外交家晏子说话更是独具魅力，请你试着用学习《杨氏之子》的步骤方法学习《晏子使楚》这篇古文，以下两个片段任选一个片段学习。

片段一：晏子/使/楚。楚人/以/晏子短，为小门/于大门之侧/而延晏子。晏子/不入，曰："使/狗国者，从狗门入；今/臣使楚，不当/从此门入。"傧者/更道，从大门入。

片段二：见楚王，王曰："齐无人耶？使子为使。"晏子对曰："齐之临淄/三百闾，张袂成阴，挥汗成雨，比肩继踵/而在，何为无人！"王曰："然则/何为/使子？"晏子对曰："齐/命/使，各有所主。其/贤者使/使/贤主，不肖者使/使/不肖主，婴/最不肖，故/宜/使楚矣。"

学习提示如下：

★正确、流利地朗读古文片段，借助提示符号读好停顿。（提示符号略）

★结合课后注释及第11课现代文《晏子使楚》，理解加点字词的意思，并说说古文每句话的意思。默读思考：楚王是怎样侮辱晏子的？画出晏子回应楚王的话，想一想他说的话妙在哪里。

【教学过程设计】

版块一 诵读导入，揭示课题

1. 以学生背诵积累过的童趣诗导入，依次出示《小儿垂钓》《宿新市徐公店》《村居》《四时田园杂兴》的题目与插图，学生背诵，引出课题——《杨氏之子》。

2. 依次理解课题中"杨氏""之""子"的意思，"杨氏之子"就是——姓杨人家的儿子。古文就是这样来理解的，每个字词的意思知道了，连起来就是整句话的意思。

〔设计意图：以诵读童趣诗导入，感受古诗中儿童的天真烂漫，进而引发期待，通过本课的学习再认识一个与众不同的古代小孩儿。课题的学习旨在渗透一种学习古文的方法——先理解单个词的意思，连起来便是整句话的意思。〕

版块二 初读正确流利，读好停顿

1. 上节课，同学们已经借助任务单进行了自学，这节课我们就来展示自学成果，并在此基础上进行深入学习。学生展示朗读，教师重点关注读得是否正确、流利。

2. 学生再次展示朗读，教师关注学生能否借助提示读好停顿。（重点指导：孔/指以示儿/曰）

3. 齐读课文。

〔设计意图：这一环节三读课文，是对第一条任务的自主学习情况的检查反馈，也是对学习目标之"正确、流利地朗读课文"的落实，在此基础上读好停顿，为后面课文内容的理解奠定基础，降低难度。〕

版块三 再读明意，感受文言特点

这是我们第一次学古文，文章意思你弄明白了吗？小组上台汇报，台下同学补充、评价。教师预设问题深化：

1. 梁国杨氏子九岁，甚聪惠。

教师补充：这句话只有10个字，却包含丰富的信息，先后交代了他的家乡、姓氏、年龄、特点，古文就是这样简洁精练。

2. 孔君平诣其父，父不在，乃呼儿出。为设果，果有杨梅。

教师补充：这里最难理解的要数这个"为设果"了，（　　　）为（　　　）设果？古文中这种依托前后文，省略某些语言的现象很常见。比如这句，"孔指（　　　）以示儿曰"，省略了什么？

3. 孔指以示儿曰："此是君家果。"儿应声答曰："未闻孔雀是夫子家禽。"

教师补充：注意"家禽"这两个字，我们现在说的"家禽"指的是什么？孔雀是家禽吗？这里的"家禽"其实是两个词，家是家，禽是鸟。所以，"未闻孔雀是夫子家禽"意思是——没听说孔雀是孔先生您家的鸟。

〔设计意图：这一环节意在落实"借助注释或通过联系上下文、查字典等方法理解古文词句的意思，了解课文内容"这一教学目标，学生之前已进行自学，课堂上小组汇报展示自学成果，生生之间可以互动补充，教师还可以结合学生的汇报进行追问、点拨，转变以往教师单纯传授知识的方式，真正体现以学定教的理念。此外，教师要充分鼓励、表扬台上小组的汇报和台下同学的补充、纠正，激发学生的学习兴趣和学习成就感。〕

● 版块四 品读对话，体会语言艺术

杨氏之子"甚聪惠"（板书：甚聪惠），从哪里体现出来？结合文中词句谈谈你的体会。学生汇报交流，教师相机总结提升。

1. "聪"这个字，耳字旁，一个人的聪明首先表现在会听上。杨氏子就很会听，他听懂了孔君平的意思，你听懂了吗？杨氏姓杨，杨梅也姓杨，你和杨梅是一家人哪！孔君平这是在拿他的姓氏干什么呢？（出示：此是君家果——杨梅是杨家果）

杨氏子不但听懂了，还能立马做出反应。（出示：未闻孔雀是夫子家禽）

想象补白：他当时心里怎么想的？如果杨梅是杨家果，那么（孔雀便是孔家禽）。如果我杨氏子和杨梅是"一家人"，那么（您孔君平便和孔雀是"一家人"）有道理吧？（板书：有理）你看，孔君平拿他的姓氏开玩笑，他便拿孔君平的姓氏来回敬，这招儿就叫——以其人之道还治其人之身。孔君平听了不仅无法反驳，还会在心底里感叹（齐读）：梁国杨氏子九岁，甚聪惠。

2. 追问：他的聪惠不只表现在说话有理，还表现在哪里？（"应声答

曰"，反应迅速）

3. 追问：他的聪惠不只表现在说话有理，反应迅速，还表现在哪里？（这个问题有点难，出示对比句，引导学生感受）他为什么不直接这样说呢？

"孔雀是孔家禽。"

学生交流：这样说太冲，没礼貌。

"未闻孔雀是夫子家禽。"那这样说怎么就好了呢？引导学生体会：用上"夫子"，是对长辈的尊称，听起来很有礼貌；加上"未闻"，就反驳得不那么直接，听起来更委婉，更有礼貌。（板书：有礼）

4. 总结：同学们，一个九岁的孩子，能迅速地巧妙反驳孔君平的玩笑，既有道理，又不失礼貌，我们不得不赞叹（齐读）——梁国杨氏子九岁，甚聪惠。下面就让我们带着这种赞叹之情再读全文，齐读。

5. 学生借助提示，背诵课文。

〔设计意图：教师在备课时要有充分预设，要明白哪些内容是学生能够通过自学掌握的，哪些是学生学习起来比较困难的。杨氏之子的"聪惠"体现在能听懂孔君平的意思并巧妙反驳、反应迅速、反驳有礼貌三个方面，学生通过小组合作探究一般能体会出前两个方面，但"反驳有礼貌"体会起来稍有难度，因此需要教师的一步步追问，让学生结合文本进行更深入的探究。至此，学习目标中"有感情地朗读课文，背诵课文；领略文中人物对话语言的艺术魅力"有效达成。〕

●版块五 以文带文，学习《晏子使楚》

1. 过渡：生活中这种巧妙的语言能够化解尴尬，又不失礼貌。那么在国家大事上更需要高超的说话艺术，春秋时期的齐国大夫晏子便有这样的才能。简介晏子资料以及《晏子使楚》的故事背景。

〔设计意图：围绕"语言的艺术"这一主题，学完《杨氏之子》后拓展阅读古文《晏子使楚》，前者体现的是日常生活中儿童说话的机智巧妙，后者体现的是大国交锋中外交使臣的语言之惊人力量，两篇文章的学习不仅充实了课堂容量，还使学生对"语言的艺术"这一主题有更深的认识。《晏子使楚》这个故事在本单元教材中是用现代文讲述的，选择古文版《晏子使楚》目的有三：一是使整堂课的学习处在古文环境下，更有味道。二是进一步迁移运用学习古文的方法——正确、流利地朗读古文，读好停顿；借助注释理解古文意思，弄懂内容；围绕核心问题品读古文，感悟说话艺术。三是为学生提供更多阅读素材，学生在古文与现代文两种版本的阅读中更能感受到古文语言之精练。另外，古文版《晏子使楚》的学习是有难度的，补充现代文《晏子使楚》阅读材料有效降低了学习难度。〕

2.总结《杨氏之子》古文学习方法，迁移运用。

（1）正确、流利地朗读古文，读好停顿。

重点指导读好两处难点停顿：①为小门/于大门之侧/而延晏子；②齐/命/使，各有所主。其/贤者使/使/贤主，不肖者使/使/不肖主，婴/最不肖，故/宜/使楚矣。

（2）借助注释理解古文意思，弄懂内容。

小组汇报，台下同学补充、评价。教师重点指导两处理解难点："使子为使"两个"使"的意思；"贤者使""不肖者使"的意思。

（3）围绕核心问题品读古文，感悟说话艺术。

核心问题：默读思考，楚王是怎样侮辱晏子的？画出晏子回应楚王的话，想一想他说的话妙在哪里。小组上台汇报，台下同学补充评价，教师点拨提升。

片段一：

① 引导学生理解晏子的话：使狗国者，从狗门入；今臣使楚，若从狗门入，那楚国便是——狗国。

② 引导学生换位体验：如果你是楚王，你会作何选择？学生交流。追问：为什么？你不是想羞辱他吗？通过这一追问，使学生明白：这就是晏子回答的妙处所在，说话有理有据，既没有受到羞辱，又堂堂正正地从大门进入。

③ 引导学生对比阅读体会：原文"使狗国者，从狗门入；今臣使楚，不当从此门入"与"使狗国者，从狗门入；今臣使楚，若从狗门入，那楚国便是狗国"。学生初步交流，追问：原文那样说好在哪里？或者说晏子哪个词用得妙？通过追问使学生体会到 "不当"一词用得妙，就像前面《杨氏之子》中

"未闻"一样,让人听起来更委婉一些,更有礼貌一些。晏子说话就是这样有理有据,又不失礼节。(板书:有理有据,有礼有节)齐读这一片段。

〔设计意图:学生在体会人物说话的妙处时很容易脱离文本去谈自己的理解,通过追问原文那样说好在哪里,或者说晏子哪个词用得妙,让学生把目光转移到语言文字上来,透过"不当"一词感受说话之精妙,前面"未闻"一词、后面"婴最不肖"中"最"字的体会也是基于此目的来设计的。〕

片段二:

① 引导学生品读楚王的两次问话:"齐无人耶?使子为使","然则何为使子?"通过朗读感受楚王对晏子的蔑视与不屑。引导学生体会:在楚王眼里,晏子就是一个"不肖使"。而在我们眼里,楚王盛气凌人,没有道德,没有气度,才是一个"不肖主"。

② 引导学生深入思考:楚王两次逼问,晏子作出不同回应,各自妙在哪里?学生初步交流,教师点拨:第一次回应,晏子说的"无人"和楚王的"无人"意思一样吗?通过这一问题使学生明白这一次晏子没有正面回击楚王,给楚王留了足够的颜面。第二次回应,晏子不再退步,楚王本想讽刺晏子无能,反被晏子讽刺是个"不肖主"。引导学生抓住一个"最"字,体会晏子回击之妙,晏子把自己贬低得越低,楚王就被讽刺得越厉害。

③ 教师总结:晏子的回答依然是有理有据,也给出了最大限度的礼节,不但维护了自己的尊严,还使楚王自取其辱,搬起石头砸自己的脚,这就是晏子回答的妙处所在。

课文学到这里,你看到了一个怎样的晏子?(板书:能言善辩、智慧超群)这就是晏子,这就是晏子说话的艺术,这就是语言的魅力。

●版块六 总结课文,推荐阅读

学完这两篇古文,我们深深折服于人物说话时展现的艺术魅力,也正因此,《杨氏之子》和《晏子使楚》这两个故事才流传至今。其实,晏子使楚的故事并没有结束,后来楚王还在宴会之上嘲讽齐国人好偷盗,不料反被晏子用"南橘北枳"的例子讽刺其治国无方,这个故事也很精彩,在现代文《晏子使楚》中能读到。再给大家推荐三个故事:《三国演义》诸葛亮舌战群儒;《林海雪原》杨子荣妙答座山雕的盘问；《沙家浜》阿庆嫂智斗刁德一。相信你一定能再次感受到语言的艺术与魅力！

【板书设计】

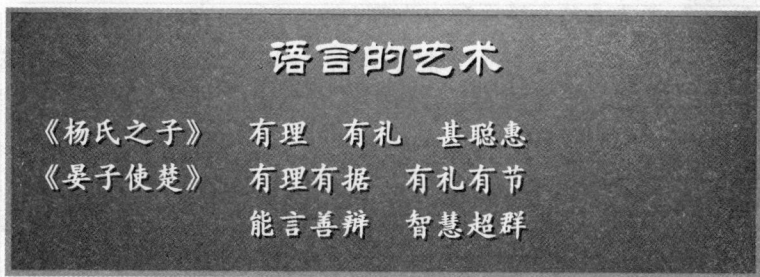

（周雪娇）

《人物描写一组——临死前的严监生》教学设计

【设计理念及意图】

《临死前的严监生》是人教版语文教科书五年级下册第七组《人物描写一组》中的第二个片段。作者通过生动的细节描写，刻画出了严监生这一吝啬鬼的经典形象。学习本片段，让学生进一步感受作家笔下鲜活的人物形象，体会作家描写人物的方法。此外，还要引导学生感受中国优秀文学作品的熏陶，以名篇带名著，拓展阅读面，激发学生阅读名著的兴趣。

【教学目标】

1. 借助字典等工具正确认读"监生、挑掉、揩眼泪、两茎"等词语。

2. 结合注释或联系上下文理解"莫不是、诸亲六眷、登时、一声不倒一声"的意思。

3. 正确、流利地朗读课文，有感情地朗读动作变化的部分，抓住细节描写体会人物的性格特点，感受严监生吝啬鬼的形象。

4. 学习通过动作、神态的细节描写来表现人物特点的写作方法。

5. 拓展阅读《儒林外史》中《范进中举》的片段，鉴赏作家笔下的经典形象，激发学生阅读《儒林外史》的兴趣。

【教学过程】

●版块一 揭示课题，结识文中人物

1.（板书课题）这节课我们一起学习第22课《人物描写一组》的第二个片段，谁来读课题？

2. 知道什么是监生吗？（预设：古代对读书人的一种称号。）

老师小结：其实啊，监生就是在国子监读书的人，国子监是明清两代的最高学府。

3. 简介《儒林外史》。

通过自主学习，你对《儒林外史》有哪些了解？（生交流）

老师小结：在《儒林外史》这本书中刻画了许多个性鲜明的人物形象，我们先走近严监生，一齐读课题！

〔设计意图：直接导入新课，对监生和《儒林外史》形成初步的认识，引发学生对严监生这一人物形象的期待。〕

●版块二 检查自主学习成效，整体感知课文

问题：同学们已经借助任务单完成了自主学习，老师先来检查一下自学情况。准备好了吗？敢接受挑战吗？

1. 检查学生的词语认读情况。

2. 研读句子，感受严监生的病重。

出示句子：

自此，严监生的病一日重似一日，再不回头。

严监生喉咙里痰响得一进一出，一声不倒一声的，总不得断气，还把手从被单里拿出来，伸着两个指头。

问题：在课文中有这么两句话，你来读一读，从这些加粗的词语中你能体会到什么？

追问：如果用一个词形容此时的严监生，你想到了什么词？（预设：奄奄

一息、病入膏肓、生命垂危。）奄奄一息的严监生是命悬一线、无力回天啊！能读出你的体会吗？（生朗读）

3. 检查课文的朗读情况：学生接读课文。

4. 整体感知，把握课文的主要内容。

问题：读完课文，你知道在严监生临死前发生了什么？（预设：临死前的严监生因为两茎灯草而迟迟不肯咽气。）

〔设计意图：本环节的教学是在学生已借助自主学习任务单进行了自主学习的基础上进行的。围绕任务单的前两个题目，课堂上学生通过汇报展示自己的学习成果，生生之间可以互动补充，教师还可以结合学生的汇报进行提问、小结。教师通过这个环节了解学情，确定教学的起点。〕

🔴 版块三　感受严监生这一人物形象

1. 小组合作学习任务单的第三题。

问题：读了课文，用一个词概括严监生给你留下的印象，并做批注，在文中画出相关语句，结合语句谈谈自己的体会。

2. 小组汇报交流，其他小组补充、评价。

（1）用一个词概括严监生给你留下的印象。（预设：吝啬、爱财如命等。）（师板书：吝啬）

追问：你理解"吝啬"的意思吗？（预设：过分爱惜自己的财物，当用不用。）

（2）课文中的哪些描写使你感受到他的吝啬、爱财如命？结合相关语句谈谈自己的体会。

预设：学生通过组内汇报、组间补充等方式，能够抓住描写严监生的句子感受他爱财如命、吝啬的特点。

根据学生汇报的句子相机渲染：

句子一：严监生喉咙里痰响得一进一出，一声不倒一声的，总不得断气，还把手从被单里拿出来，伸着两个指头。

预设：学生通过汇报、补充，基本上能够抓住"伸着两个指头"，并联系严监生的病重体会到他的吝啬。

老师小结：严监生伸着这两个指头是有特殊含义的，他牵挂的是什么啊？（生交流）谁能想到他牵挂的竟然是两茎灯草啊！因为这两茎灯草，心疼得难以瞑目啊！老师在阅读《儒林外史》的时候发现严监生不是一般的有钱呢！

出示：

严监生家私豪富，足有十多万两银子，

在县城里还有铺面二十多间，

钱过北斗，米烂成仓，

僮仆成群，牛马成行……

老师小结：他就是富豪啊！临死前竟然牵挂那两茎灯草，真是太吝啬了！

句子二：他就把头摇了两三摇。

预设：学生抓住"摇了两三摇"体会到严监生内心只有对两茎灯草的挂念。

老师小结：严监生此时心里或许会想：不对啊！你们没有猜对我的意思。

句子三：他把两眼睁的滴溜圆，把头又狠狠摇了几摇，越发指得紧了。

预设：学生通过汇报、补充，基本上能够抓住"滴溜圆""狠狠""越发指得紧"，体会到他焦急的内心。

追问：此时，严监生心里可能会想什么呢？

预设：学生发挥想象，体会严监生此时的心理活动。

老师小结：二侄子也不明白他的想法，此时的他真是心急如焚啊！

句子四：他听了这话，把眼闭着摇头，那手只是指着不动。

预设：学生能够抓住"把眼闭着""指着不动"，体会到严监生的绝望。

老师小结：哎！怎么还不明白呀！没人能理解他，此时的严监生，把眼闭着摇头，他心里只有——绝望！

句子五：众人看严监生时，点一点头，把手垂下，登时就没了气。

预设：学生能够抓住"登时"一词，感受到严监生的爱财如命。

老师小结：严监生终于放心了，不用再挂念那两茎灯草了。

〔设计意图：本环节的学习与任务单的第三题相对应，学生课前借助任务单进行了自主学习，并通过批注式阅读生成了自己对严监生这个人物形象的认识与理解。教师的渲染与资料补充都是为了点化主旨、丰富吝啬的内涵，引

导学生通过人物的动作与神态感受人物内心，使严监生这一吝啬鬼的形象更加鲜活。〕

●**版块四**　聚焦人物动作变化，感受细节描写的魅力

问题一：严监生的确是非常的吝啬。你知道吗？在中外文学史上，有四大吝啬鬼，严监生就位居其一。作者的这段描写只有326个字，却把严监生的形象刻画得淋漓尽致。那你觉得作者是运用了什么描写方法刻画出严监生这一人物形象的？（预设：动作）（板书：动作）

问题二：再来看文中描写摇头这一动作的语句，你有什么发现？

追问：同样是摇头，有什么不同？会读书的同学，都能通过人物的动作感受到人物的心情。那你体会到严监生心情的变化了吗？

预设：学生通过动作的变化体会到严监生的心情由着急到失望，最后几乎绝望！

追问：文中还有对严监生手部动作的描写，你找一找，看看有什么发现？

预设：手部动作的变化也体现出严监生的心情由着急到失望，最后绝望！

老师总结：是啊，吴敬梓特别厉害，抓住严监生动作的细微变化进行描写，让我们体会到他内心的变化。（板书：感受内心）而牵动严监生内心的是什么啊？（预设：两茎灯草）竟是那两茎灯草！严监生这一吝啬鬼的形象真是跃然纸上啊！

师生合作读：让我们回到课文中去读一读，进一步感受严监生的吝啬！

读1：一学生读诸亲六眷的猜测，另一学生读严监生的反应。

读2：学生读诸亲六眷的猜测，老师读严监生的反应。

〔设计意图：引导学生关注描写严监生的句子，发现严监生的三次摇头及手部动作变化背后的心情变化，进而通过合作朗读使学生仿佛身临其境，领悟到细节描写的妙处。〕

●**版块五**　以名篇带名著，拓展阅读

问题：在《儒林外史》当中，像严监生这样生动鲜活的人物形象比比皆是。老师觉得里面有一个人物值得我们关注，他就是范进。请同学们运用刚才课文中学习的方法读任务单中《范进中举》的片段，看看范进给你留下怎样的印象，作者又是用什么方法刻画这一人物形象的。

1.学生自主阅读，小组交流。

2.学生汇报交流学习成果。

预设：学生抓住范进的语言、动作等描写感受范进中举后疯癫的形象。

追问：范进中举之后为什么会发疯？

预设：学生联系《儒林外史》的创作背景及科举制度的社会影响谈自己的感受。

3.老师小结：吴敬梓运用语言、动作与神态描写刻画出范进中举后的疯态，使范进这样一个满脑功名利禄、一心升官发财的知识分子形象跃然纸上。

4.老师总结：去读《儒林外史》吧！你将会感受到语言文字的无穷魅力，欣赏到更多个性鲜明的人物形象，功夫在课外。

〔设计意图：以名篇带名著，拓展阅读《儒林外史》的另一个经典片段，感受作家笔下鲜活的人物形象，体会作家描写人物的方法，拓展学生的阅读视野，激发学生阅读名著的兴趣。〕

【板书设计】

> **临死前的严监生**
>
> 吞啬　爱财如命
> 动作　感受内心

附：

《人物描写一组——临死前的严监生》自主学习任务单

1.正确、流利地朗读课文，准备好后请组长选取课文中的任意部分检查朗读。

2.读准下面的字词，给加点字选择合适的读音。通过借助注释、联系上下文或查字典、词典的方法解释词语的意思。先自学，然后小组内互相检查下面的词语。

（1）吴敬梓（zǐ zī）　儒（rú rǔ）林外史　监（jiàn jiān）生

挑（tiāo tiǎo）掉　揩（kǎi kāi）眼泪　两茎（jīng jìng）

一声不倒（dǎo dào）一声　诸亲六眷（juǎn juàn）

（2）莫不是：　　　　　　　登时：

再不回头：　　　　　　　诸亲六眷：

一声不倒一声：　　　　　一日重似一日：

3. 读了课文，用一个词概括严监生给你留下的印象，并做批注，在文中画出相关语句，结合语句谈谈自己的体会。

4. 阅读下面《儒林外史》中《范进中举》的片段，思考范进给你留下了怎样的印象。做批注，在文中画出相关语句，结合相关语句谈自己的体会。

这是发生在科举时代的故事。主人公范进从二十岁开始应考，年年进考场，直到五十四岁才中秀才，紧接着中了举人。这一突如其来的命运变化，引出令人啼笑皆非的一幕。

《范进中举》（节选）

报帖①已经升挂起来，上写道："捷报贵府老爷范讳②进高中广东乡试第七名亚元③。京报连登黄甲④。"范进不看便罢，看了一遍，又念一遍，自己把两手拍了一下，笑了一声，道："噫！好了！我中了！"说着，往后一交跌倒，牙关咬紧，不省人事。老太太慌了，慌将几口开水灌了过来。他爬将起来，又拍着手大笑道："噫！好！我中了！"笑着，不由分说，就往门外飞跑，把报录人和邻居都吓了一跳。走出大门不多路，一脚踹在塘里，挣起来，头发都跌散了，两手黄泥，淋淋漓漓一身的水。众人拉他不住，拍着笑着，一直走到集上去了。众人大眼望小眼，一齐道："原来新贵人欢喜疯了。"

---

①报帖：用大红纸写的报喜单。

②讳：原有"避"的意思。旧时为了对某人表示尊敬，不敢直呼其名，叫做"避讳"。

③亚元：乡试中举，第一名称"解（jiè）元"，第二名至第十名称"亚元"。

④京报连登黄甲：科举时代写在喜报上表示祝贺的恭维话，意思是以后还会有会试、殿试连续的捷报。殿试录取进士分为三等，叫"三甲"，榜用黄纸写，所以称"黄甲"。

资料袋

　　《儒林外史》：清代吴敬梓作，是我国古代文学史上最杰出的长篇讽刺小说。吴敬梓在讽刺艺术上最大的成就，就是塑造了严监生这个守财奴的典型。严监生这一人物形象完全能够与莎士比亚的夏洛克、莫里哀的阿巴贡、巴尔扎克的葛朗台等举世闻名的吝啬鬼形象比肩。

　　《儒林外史》是一本有趣的小说，得意或者失意的科场举子、清廉或者贪腐的官场老手、骗吃骗喝的书生、坑蒙拐骗的江湖游士……形形色色、各行各业的人都在人间行走，有讽刺有眼泪，有寒意也有温暖。每个时代都会有这么一段"外史"，而吴敬梓用一支妙笔写下了自己的时代。

（姜　琦）

第三章 单元整合教学案例

人教版四年级上册第四组"作家笔下的动物"教学设计

人教版小学语文教科书是以"主题单元"来选编课文的，即：用不同的文体和内容来表达同一个主题，这样的编排使单元人文主题集中，利于进行多文本整合教学，利于运用比较法和归纳法深化对主题的理解，利于引导学生体会语言文字运用的精妙和规律，利于培养学生的理解能力和表达能力，利于节省授课时间。

【设计理念及意图】

人教版语文教科书四年级上册第四组以"作家笔下的动物"为主题，都是写小动物的，甚至是不同作家笔下的同一种小动物，而且集中写小动物的性格，妙趣横生，活灵活现，是比较阅读的好素材。所以我选择用单元整合来进行教学。

"任务单"就是教师根据学生已有的学习基础，依据课程标准和助读系统，将教学目标分解、细化、重组为明确、具体、可执行的学习任务的集合。学生围绕任务单以小组为单位协同学习，教师在小组学习的基础上检查和深化任务单的学习。以任务单为抓手进行单元整合教学，可以以单元的整合学习目标为基础推进，分课时集中完成。本单元把常规性教学目标放在小组合作自主学习中进行，师生合作探究则集中指向本单元的"双主题"，即深化理解和运用。

【单元教学内容】

人教版语文教科书四年级上册第四组的前三课：《白鹅》《白公鹅》《猫》。选取课外阅读一篇：季羡林先生的《老猫》节选。

【单元教学目标及流程】

本教学设计共计六课时

第一课时，学生自学任务单（一）：1. 正确、流利地朗读本组四篇课文。2. 读准本组课文中的字词，小组内互相检查。3. 根据资料袋，了解作家相关信息。（略）

第二课时，师生对第一课时的学习情况进行反馈交流，落实字词听写、课文朗读。（略）

第三课时，学生自学任务单（二）：1. 小组合作，理清四篇文章的写作思路，概括每篇课文的主要内容。2. 画出四篇文章中描写小动物性格特点的相关语句，根据自己的理解进行有感情地朗读。3. 探究尝试：（1）思考四篇文章有何异同；（2）背诵自己喜欢的段落。（略）

第四、五课时将以任务单（二）为抓手进行整合阅读，比较阅读。旨在深化阅读，从读学写。（详）

第六课时，回顾第四、五课时所学，结合《疯狂动物城》节选，指导学生练笔写动物的性格特点。（详）

【教学过程】

第四课时

学习内容：师生合作探究，对比阅读《白鹅》《白公鹅》，深化主题理解。

■ 版块一 回顾单元主题，整体感知作家、作品

1. 回顾导入

通过前三节课的学习交流，我们掌握了本单元的生字新词，了解了本单元主题是"作家笔下的动物"。本节课，我们就来感受作家笔下栩栩如生的动物

形象，比较课文在表达上的不同特点。

2. 简介作家

通过自主学习，你对其中的哪位作家有所了解？（学生交流）

老师小结提升：他们有一个共同点就是热爱生活，只有热爱生活，才能写出这样鲜活的作品来。

〔设计意图：本设计紧扣单元主题，了解作家、作品，引入新课学习。〕

●版块二　了解四篇文章的主要内容及作者的写作思路

汇报交流：读了《白鹅》《白公鹅》《猫》这三篇课文和《老猫》这篇补充的文章，想想作家笔下的动物分别有怎样的性格特点，分别是从哪几个方面写出来的。结合任务单的框架图试着梳理文章脉络。

（由选定的小组派一名代表汇报所填写的内容，其他同学进行纠正或补充。）

老师板书如下：

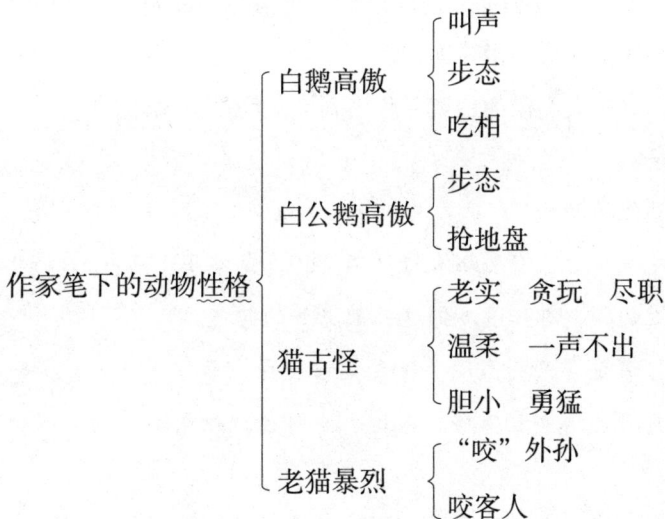

作家笔下的动物性格
- 白鹅高傲
  - 叫声
  - 步态
  - 吃相
- 白公鹅高傲
  - 步态
  - 抢地盘
- 猫古怪
  - 老实　贪玩　尽职
  - 温柔　一声不出
  - 胆小　勇猛
- 老猫暴烈
  - "咬"外孙
  - 咬客人

老师小结：合作很重要，在合作、交流中，我们理清了四篇文章的脉络。我们还发现几位作家不约而同地都写了小动物的性格特点。（板书：性格）

〔设计意图：此环节对应任务1，学生借助任务单初步梳理出作者的写作思

路，把握文章主要内容。〕

●版块三 细读文本，感受"白鹅"与"白公鹅"的特点，对比两篇文章的异同

问题（一）：通过自学、交流、讨论，你认为哪些语句具体描写了白鹅性格的高傲？请结合标画出的相关语句，展示你们的学习成果。

1.学生汇报交流，其他小组补充。

预设：学生会根据任务单的要求与提示，从叫声、步态和吃相三方面结合所画的相关语句，抓住关键词语来谈鹅的高傲性格，如：鹅叫声中不仅带着威严，还有训斥的味道；鹅的步态不慌不忙，还不给人让路；它的吃法永远三眼一板，这让狗钻了空子，偷了饭吃，它还耍鹅老爷脾气。从这一系列独特的表现中体会到鹅的性格的确高傲。

老师小结：作者就是抓住鹅日常生活中的三个独特表现（板书），写出了它性格的高傲。

2. 以组为单位，自选部分语段进行有感情地朗读展示。其他组或评价，或比赛读，老师相机评价并指导朗读。

3. 面对这样一只高傲的白鹅，作者对它的态度是怎样的呢？

出示句子：

好一个高傲的动物！

因此鹅吃饭时，非有一个人侍候不可，真是架子十足！

因为附近的狗，都知道我们这位鹅老爷的脾气。

预设：作者是喜欢的态度。这些词语表面上看似不喜欢，实则表达了喜欢的情感。学生可能结合具体语句来谈，也可能联系生活中的"明贬实褒"的语言现象来谈。

老师小结：丰子恺用这种"明贬实褒"的语言，风趣、幽默地表达出了对鹅的喜爱之情，这种表达叫作反语。

〔设计意图：此环节对应任务2，通过对具体语句的品读，学生感受到了高傲的白鹅这一生动的动物形象，体会到作者通过风趣、幽默的语言，表达出的对白鹅的喜爱之情。〕

问题（二）：通过自学、交流、讨论，你认为哪些语句具体描写了白公鹅性格的高傲？请结合标画出的相关语句，小组展示学习成果。

1.小组汇报交流，其他小组补充、评价。

预设：学生会结合白公鹅的步态描写，谈它的高傲派头，结合抢地盘时的种种表现，来谈其性格中的唯我独尊。

2.指导朗读：伸出手，边做动作边读，体会白公鹅从容的步态中透出的高傲。

课件出示：

它走起路来慢条斯理，仔细掂量着每一步。落步之前，它总要先把脚掌往上抬抬，再合上掌蹼，就像收起张开的扇面一样；然后摆一会儿这个姿势，再不慌不忙地把脚掌放到地上。

3.作者对这样一只高傲、霸道的白公鹅有着怎样的感情呢？（学生回答）

追问：你如何体会"干这种勾当它从不偷偷摸摸……"中蕴含的感情呢？

预设：这里也是运用风趣反语表达出喜爱之情，与丰子恺的表达有相同之处。

〔设计意图：《白公鹅》是略读课文，以读代讲，既有对任务2的落实，又有对反语表达的再认识，为下文的对比学习做铺垫。〕

●**版块四**　比较《白鹅》与《白公鹅》的异同

1.想一想，这两篇课义有什么相同之处？

预设：学生回顾、思考、交流后，可能会从情感、内容、运用反语等方面来谈相同之处，也可能发现两位作家都写了鹅的步态。

2.出示句子，并追问：同样是写鹅的步态，我们读起来有什么不同的感受呢？

课件出示：

它走起路来慢条斯理，仔细掂量着每一步。落步之前，它总要先把脚掌往上抬抬，再合上掌蹼，就像收起张开的扇面一样；然后摆一会儿这个姿势，再不慌不忙地把脚掌放到地上。

——叶·诺索夫

鹅的步调从容，大模大样的，颇像京剧里的净角出场。

——丰子恺

预设：叶·诺索夫写得那么细致，如工笔细描，读来让人如见其形；丰子恺写得那么简约，如大写意的国画，给人留下想象的空间。

老师小结：不同作家描写同一种事物，表达同一种情感，语言表达却各有千秋，这就是文学的魅力。请选一则试着背诵。

（学生背诵，反馈。）

3. 这两篇文章又有哪些不同点呢？讨论交流。

预设：学生可能从作者、选材角度、语言风格、文章结构等方面来谈。

老师小结：看来写小动物的性格特点，可以通过它的独特表现来写，也可以通过它的日常小事来写，这就叫异曲同工。

〔设计意图：本环节紧扣任务3——单元学习目标，通过两篇文章的比较阅读，学生从不同作家笔下既感受到两只同中有异、个性十足的鹅形象，又发现了写小动物性格选材的不同角度，由读到写的迁移正在铺垫。〕

第五课时

学习内容：对比阅读《猫》与《老猫》，感受猫的不同性格。比较四篇文章异同，发现写作规律。

● 版块一 学习《猫》，带文《老猫》片段

问题（一）：哪些语句具体描写了猫古怪的性格特点？结合你标画出的相关语句，小组合作，展示学习成果。

1. 小组汇报交流，其他同学补充、评价。

预设：学生会列举出猫的三组矛盾的事例。

追问：什么是古怪？你能试着用"有时……有时……有时……"将这几个事件连接成一句话，再来体会猫的古怪吗？

老师小结：作者连续列举了三组看似矛盾的小事例，生动地写出了猫性格的古怪。同样用了一些小事儿（板书：小事例），作者写出了小猫的可爱。

2. 作者对这只古怪的猫有怎样的态度呢？说说你的理由。

预设：学生可能结合文中有关"尽职""踩印小梅花""解闷"等语句谈理由。

老师小结：作者平实的言语中流淌着他对猫的宠爱，就像疼爱自己的孩子一样。

3. 师生合作读。做他家的小猫真幸福，我们都来做他家的小猫吧，读出"我们"的自由自在。

读1：变换原文人称如下。老师读第一句，学生齐读后几句。

课件出示：

我的性格实在有些古怪。说我老实吧，我的确有时候很乖。我会找个暖和的地方，成天睡大觉，无忧无虑，什么事也不过问。可是，我决定要出去玩玩，就会出走一天一夜，任凭谁怎么呼唤，我也不肯回来。说我贪玩吧，的确是呀，要不怎么会一天一夜不回家呢？可是，我听到老鼠的一点响动，又是多么尽职。我屏息凝视，一连就是几个钟头，非把老鼠等出来不可！

读2：合作读原文，老师仍读第一句，学生读后几句。

追问：两次朗读，安排却相同，为什么？

预设：学生可能会发现老师是按总分的构段方式来安排的。

〔设计意图：此环节既侧重落实了朗读训练，又引起学生对总分构段方式的关注，为习作练习做铺垫。〕

问题（二）：哪些语句具体描写了老猫暴烈的性格特点呢？结合你标画出的相关语句，说说自己的体会。

1. 说一说老猫性格暴烈的具体表现。

预设：学生会结合老猫"'咬'外孙"与"咬客人"两件事情中的动作描写，谈老猫性格的暴烈。

2. 这么暴烈的性格，作者喜欢它吗？

预设：学生可能会结合第一段，谈作者就喜欢它的真实、不虚伪的本性。

齐读第一自然段。

追问：两只猫性格迥异，作家是通过什么来表现它们活灵活现的性格的？

预设：两位作家都是通过列举小事例的方法突显猫的性格。

〔设计意图：此环节设计既对应任务2，又使学生对"用事例写性格"的写

法加深了印象。〕

●版块二 将四篇文章进行多角度对比

1.回想一下，写小动物的性格可以从哪些方面来写呢？

预设：学生可以通过它们的独特表现来写，也可以通过列举它们日常的小事件来写。

2.这四篇文章，有什么相同点、不同点？

预设：此时水到渠成，学生应该能归纳出相同与不同之处。

〔设计意图：此环节设计紧扣任务3，完成单元学习要求，使学生在比较阅读中感受到了作家写法上的异同，为学生学习写小动物的性格又打开了一扇窗。〕

●版块三 总结、启迪

我们都喜欢小动物，有的人也养过小动物，为什么这些作家能将小动物写得如此栩栩如生而我们不能呢？

学生谈自己的理解。

老师小结：正是因为他们对小动物的热爱，才有了他们与小动物共同生活的经历，才有了他们对小动物的长期观察，才有了他们对小动物如此生动的描述。

〔设计意图：这一环节设计既照应开头对作家的了解，又意在启迪学生：只有热爱生活，留心生活中的点滴，才能写出栩栩如生的作品来。〕

第六课时

学习内容：习作指导、学生练笔、讲评

●版块一 回顾总结，导入习作

通过本单元阅读课的学习，我们感受到了大作家笔下那栩栩如生的小动物。四位作家所处的时代不同，甚至国别也不同，但是他们在写作的时候都抓住了小动物的性格，有异曲同工之妙。这节课，老师给大家带来一段视频，里面的小动物也有鲜明的性格。

（播放《疯狂动物城》名叫"闪电" 的树懒的片段。）

〔设计意图："闪电"是一个性格鲜明的可爱的动物形象，视频从它的说话、动作、表情三个方面体现了它的性格特点，和阅读课中描述的动物形象有

相似之处。选择这样的动物形象，有利于使阅读与习作产生密切关联，更是因为学生喜爱树懒这个荧幕形象，因此学生有话可写。〕

●版块二 交流视频内容，分享观后感受

1.你觉得影片中性格最突出的是哪位？什么性格表现得最突出？

预设：是闪电，它的性格之慢表现得尤其突出。

2.影片是从哪些方面来表现闪电的慢的呢？

预设：说话慢、动作慢、表情慢。如果说不出来，可以再看一遍视频。

老师板书：

$$闪电\quad 慢 \begin{cases} 说话 \\ 动作 \\ 表情（笑容） \end{cases}$$

老师小结过渡：我们也用总分的结构，理清了习作的脉络。那它说话、动作、表情慢到什么程度呢，这就需要我们详细解说了。

3.小组内交流闪电的"说话慢、动作慢、表情慢"的具体表现。

重点指导描写"动作慢"。

（1）谁来表演一下"闪电"敲击键盘的动作？

（2）出示：

它走起路来慢条斯理，仔细掂量着每一步。落步之前，它总要先把脚掌往上抬抬，再合上掌蹼，就像收起张开的扇面一样；然后摆一会儿这个姿势，再不慌不忙地把脚掌放到地上。

在我们刚刚学过的课文中，也读到了一段这样的描写，你能试着这样来描述一下"闪电"的动作吗？同位之间互相说一说。

老师小结：视频就是从这三个方面来表现"闪电"的慢的，接下来就用你手中的笔来描写和记录"闪电"的慢吧。

〔设计意图：通过交流，明确写作切入点，为写作做好铺垫。〕

●版块三 学生习作练笔

出示写作要求：

1.先拟一个题目。

2.从三个方面或者你印象最深的一个方面来写"闪电"的慢。

3.写完交流一下，评一评，看是不是体现了"闪电"的性格。

学生进行写作。

● 版块四 点评部分习作，修改完善习作

评价要点：

1.题目是否恰当、新颖。

2.是否从多个或一个角度表现了"闪电"慢的性格特点。

3.语言是否通顺具体。

〔设计意图：从评的角度使学生进一步明确写的要求。〕

● 版块五 结束与开启

这节课，我们认识了闪电，记录了闪电。有的时候喜欢是一个短暂的过程，如果我们把它写下来，再读再看，这种喜欢便会成为一种能够分享的永恒。丰子恺对白鹅的喜爱留到了今天，老舍对猫的喜爱也留到了今天。接下来，我们将开启动物小说阅读之旅——走近作家西顿，品读《西顿动物小说》。

（于海棠　孙艳梅）

（注：本设计已在《山东教育》发表）

人教版五年级上册第八组"走近毛泽东"教学设计

【设计理念及意图】

人教版语文教科书五年级上册第八组以"走近毛泽东"为主题，四篇课文从不同角度反映了毛泽东伟人的风采和凡人的情怀。读后，让人深深地感到毛泽东既是杰出的诗人、伟大的领袖，也是慈爱的父亲。根据教学内容的特点，我们选择用单元整合的方式进行教学，将不同角色的毛泽东展现在学生眼前，让学生更加全面地了解毛泽东。

【单元教学内容】

人教版语文教科书五年级上册第八组的四篇课文：《七律·长征》《开国

大典》《青山处处埋忠骨》《毛主席在花山》。

【单元教学目标及流程】

本教学设计共七课时。

第一课时，学生自学任务单（一）：1. 正确、流利地朗读本组四篇课文。2. 读准本组课文中的字词，理解词语的意思，小组内互相检查。3. 小组合作，理清四篇课文的写作思路，能概括每篇课文的主要内容。（略）

第二课时，老师对学生第一课时的学习情况进行反馈，落实字词听写，检查课文朗读。（略）

第三课时，学生自学任务单（二）：1. 了解"七律"的诗歌体裁。2. 通过搜集资料等方式了解长征。3. 想一想：红军战士在长征途中遇到过哪些艰难险阻？在毛泽东的诗句里是怎样描写这些艰难险阻的？在诗句中能感悟到毛泽东及红军战士怎样的革命精神？（略）

第四课时，以任务单（二）为抓手学习《七律·长征》，理解诗意，感受毛泽东及中国工农红军大无畏的革命精神和英勇豪迈的气概，感受毛泽东作为诗人的风采。（详）

第五课时，学生自学任务单（三）和（四）。任务单（三）：默读课文《开国大典》，用横线画出文中描写毛主席动作的句子，用波浪线画出描写群众反应的语句，说说你从中感受到了什么，做出批注。任务单（四）：默读《青山处处埋忠骨》和《毛主席在花山》两课，思考在这两篇课文中毛泽东给你留下了怎样的印象？抓住人物的动作、神态、语言、心理等描写，谈谈自己的体会，画出相关语句，标出关键词，做好批注。（略）

第六课时，以任务单（三）为抓手学习《开国大典》，理解课文内容，感受毛泽东的伟人风采，体会中国人民因为新中国的诞生而激动、自豪的思想感情，并进行场面描写的训练。（详）

第七课时，以任务单（四）为抓手进行两篇略读课文的整合阅读，了解一代伟人毛泽东作为普通人的情感世界，感受他无产阶级革命家旷达的心胸和无私的情怀，并进一步了解描写人物的方法。（详）

【教学过程】

第四课时

本文是人教版语文教科书五年级上册第八组课文的第一篇，是毛泽东在红军长征胜利结束时写下的一首七言律诗。全诗生动地概述了红军两万五千里长征的艰难历程，赞颂了中国工农红军的革命英雄主义和革命乐观主义精神，同时也展现了毛泽东豪迈乐观的诗词风格。

● 版块一 导入新课

1.回顾导入

通过前三节课的学习交流，我们掌握了本单元的生字新词，并梳理了本单元课文的主要内容。这节课就让我们一起走进《七律·长征》，感受毛泽东作为诗人的风采。

2.了解长征

通过自主学习，你对长征有哪些了解？（学生交流）

（课件出示：长征路线图）

老师小结：同学们看，这就是长征路线图。其间，红军经过11个省，翻越18座山脉，渡过24条河流，打过大小战斗300多次。两万五千里的长征途中，他们战胜了无数高山险川，也曾四渡赤水，巧渡金沙江，激战大渡河，万水千山中留下了他们的足迹。而这首诗就是毛主席在回顾走过的路程时，心潮澎湃，挥笔写下的一首七言律诗。

3.读出诗的韵律

〔设计意图：在第三课时学生已经搜集了有关长征的资料，为学习本课做相关知识的铺垫。但是，学生所搜集的资料一般比较繁杂，也缺少必要的筛选。为此，教师在学生汇报交流的基础上，以简短的句式进行归纳，有利于学生清晰条理地了解长征。〕

● 版块二 走进诗文，感受毛泽东作为诗人的风采

1.处理首联：

读一读首联，你从哪里读出了红军在面对千难万险时的气魄？

老师小结：是啊！两万五千里的长征路途真可谓千难万险，可一个"只"字却将这天大的困难说成了平常小事，从中你感受到了什么？

2. 汇报交流：读了颔联、颈联、尾联，想想红军战士在长征途中遇到过哪些艰难险阻？在毛泽东的诗句里是怎样描写这些艰难险阻的？你从诗句中感悟到毛泽东及红军战士怎样的革命精神？

选定小组派一名代表汇报所填写的内容，其他同学与其进行交流。

3. 出示诗句：

五岭逶迤腾细浪，乌蒙磅礴走泥丸。

（1）感受词语

预设：① 五岭逶迤：五岭山脉那样高低起伏，绵延不绝。

② 乌蒙磅礴：乌蒙山那样高大雄伟，气势磅礴。

追问："逶迤的五岭、磅礴的乌蒙"对于红军来说，翻越它们时会有怎样的困难？

（2）处理"只等闲"

在长征的过程中，这样的奇山险峰就挡在面前。但即便如此，这逶迤的五岭、磅礴的乌蒙山在红军和毛主席的眼中却成了什么？

（3）诗人在这里运用了什么写作手法？

① 多么强烈、鲜明的对比呀！读出这份对比。（指定学生读）

② 从中你感受到了什么精神？（板书：乐观）

4. 出示诗句：

金沙水拍云崖暖，大渡桥横铁索寒。

（1）在这一联中诗人向我们介绍了两场战役：巧渡金沙江、飞夺泸定桥。同样是战役，为什么却是一暖一寒呢？

寒：

预设：大渡河上的泸定桥横跨东西两岸，只剩下几十根铁索，所以使人感到深深的寒意。

① 老师介绍：（课件：铁索桥图片）这就是大渡河上的泸定桥。当时疯狂的国民党军队为了阻止红军过河，竟将桥上原有的木板全部拆掉，只剩下这13

根闪着寒光的铁链。

②不要说爬过、走过这座桥，即使这样看着，都感觉……（学生交流）

是啊！桥下是——（　　），桥上是——（　　），桥头还有敌人黑洞洞的枪口，怎一个"寒"字了得！

暖：

红军不费一枪一弹就渡过了金沙江，此时的心情是怎样的？

是呀！这"暖"就是开心呀！

（2）这一暖一寒、一喜一悲，正是诗人心情的真实写照。让我们一起读出这份冷暖。（齐读）

5. 出示诗句：

更喜岷山千里雪，三军过后尽开颜。

老师小结：孩子们，两万五千里的漫漫长征路中红军遇到了重重困难，而这艰难困苦最终在诗中化作了"更喜"与"尽开颜"。这两个词语将前面所有的喜悦囊括其中，将千军万马的锐气和千人万众的豪情都凝聚在了一起，更将毛泽东的豪迈气势、乐观胸怀表达得淋漓尽致。

〔设计意图：本设计对诗句的理解、体会主要分为三个层次：一是理解长征的难、苦、险；二是体会红军不怕难、苦、险的大无畏的英雄主义气概和革命乐观主义精神；三是进一步感受诗人毛泽东面对困苦、艰险的态度和作为诗人的豪迈和乐观。这一层层推进的教学过程，既能加深学生对整首诗思想内涵的理解，也为学生进一步感受诗人毛泽东的豪迈情怀做好铺垫。同时也让学生感受到了红军在长征途中一个个震撼人心、惊心动魄的画面，更让学生从多个角度深入地感受毛泽东作为诗人的情怀和伟人的风采。〕

●版块三　拓展阅读，再次感受毛泽东的诗词风格

通过这首诗的学习，我们了解到毛主席作为一代领袖，不仅是政治家、军事家，更是一位才华横溢的诗人。细细欣赏，你会发现毛泽东的诗词磅礴大气、慷慨高亢。课下老师在大家的资料袋里补充了三首毛泽东的诗词，这些诗词各领风骚。选出你们小组最喜欢的诗词与大家一起交流。

1. 出示诗词：《卜算子·咏梅》《菩萨蛮·大柏地》《沁园春·雪》。

2.你读出了什么？感受到了毛泽东怎样的诗词风格？

〔设计意图：得法于课内，得益于课外。本设计意在拓展学生的视野，让学生通过诵读毛主席的其他诗词进一步感受其作为诗人的魅力。〕

这节课我们通过鉴赏毛泽东的诗词，深切了解到了他作为诗人的才情，更加体会到了他豪迈、乐观的诗词风格。下节课让我们一起随着老师走进《开国大典》，感受毛泽东作为伟人的风采！

第六课时

本文是第八组课文中的第二篇，记叙了1949年10月1日首都北京举行开国大典的盛况，表现了中国人民因新中国诞生而无比自豪、激动的心情，展现了中华人民共和国的缔造者们，特别是毛泽东的领袖风采。

版块一 导入新课

1949年10月1日，在中国共产党、伟大领袖毛泽东的领导下，新中国成立了。中国人民摆脱了统治与压迫，从此当家做主。想象一下当时人们的心情是怎样的？（指定学生答：激动、自豪）那你能读出来这种心情吗？好，那让我们带着激动与自豪读课题。

〔设计意图：指导学生对课题的有感情朗读，初步体会当时人们因新中国的诞生而激动自豪的思想感情，为理解课文内容做铺垫。〕

版块二 理清课文脉络

请大家回忆：课文是按怎样的顺序记叙开国大典的？都介绍了哪些内容？

预设：按照开国大典进行的顺序叙述。先讲大会开始前会场上的情况；然后讲典礼的主体部分——毛泽东宣布中华人民共和国中央人民政府成立、升国旗、宣读中央人民政府公告；接着讲阅兵式的盛况；最后讲群众游行。

〔设计意图：对课文内容进行整体把握，理清课文脉络。既检查学生对第一课时的掌握情况，也便于接下来引导学生抓住重点，理解课文内容。〕

版块三 结合任务单（三），理解感知课文内容

默读课文，用横线画出文中描写毛主席动作的句子，用波浪线画出描写群众反应的语句，做出批注，说说你从中感受到了什么。注意按段落的顺序汇报。

学生汇报。

预设1："下午三点整，会场上爆发出一阵排山倒海的掌声，中华人民共和国中央人民政府主席毛泽东出现在主席台上，跟群众见面了。三十万人的目光一齐投向主席台。"

抓住"排山倒海""一齐"两个词体会现场群众反应的热烈，感受大家对主席的拥护与爱戴。

句子对比：

"下午三点整，会场上爆发出一阵排山倒海的掌声，中华人民共和国中央人民政府主席毛泽东出现在主席台上，跟群众见面了。三十万人的目光一齐投向主席台。"

"下午三点整，会场上爆发出一阵排山倒海的掌声，毛泽东出现在主席台上，跟群众见面了。三十万人的目光一齐投向主席台。"

说说这两个句子有什么不同？（第二句去掉了"中华人民共和国中央人民政府主席"这一称谓）这一称谓是否可以省略？为什么？（不可省略。去掉这一称谓显得不够正式，体现不出毛泽东是作为新中国的领袖出现在主席台上的。）

〔设计意图：指导学生学会抓住关键词去体会重点语句的意思，两个句子的对比旨在让学生了解"中华人民共和国中央人民政府主席"这一称谓的重要性，不可省略。因为毛泽东是作为新中国的领导人出现在主席台上的，这也是体会其领袖风采时不可缺少的内容。〕

预设2：接着，毛泽东主席宣布："中华人民共和国中央人民政府在今天成立了！"

这庄严的宣告，这雄伟的声音，使全场三十万人一齐欢呼起来。这庄严的宣告，这雄伟的声音，经过无线电的广播，传到长城内外，传到大江南北，使全中国人民的心一齐欢跃起来。

学生交流，老师补充背景资料。

〔设计意图：了解旧中国的贫穷与落后，体会新中国成立的伟大意义，对当时人们激动自豪的心情也会有更深刻的感受。第七自然段是全文的重点段

落，鼓励学生有感情地朗读，并熟读成诵。〕

●版块四 学习场面描写

1. 了解场面描写

在特定的地点，对环境、人物活动的动态描写，就叫作场面描写。今天我们来学习场面描写。

我们以课文为例，大家看这是课文中的哪个场面描写？（课件出示第十四自然段：群众游行）仔细读一读，思考场面描写都包含哪些内容。

老师总结：场面描写既要有周围环境的描写，又要有人物活动的描写。而且人物活动既要有群体的描写，又要有个体的描写。

〔设计意图：从课文入手，了解场面描写的内容及要求，锻炼学生发现与提炼要点的能力，抓住场面描写的要点。〕

2. 回忆自己经历过的场面

预设：开学典礼，开业典礼，婚礼现场等。

（出示学校运动会的照片）请同学们回忆下，运动会开幕式上都有哪些场景？（开幕式有领导讲话、裁判代表和运动员代表分别发言、英姿飒爽的国旗队入场，还有精彩的方队入场。）

〔设计意图：引导学生了解场面描写，回忆运动会开幕式的过程及场面，通过调动学生关于运动会开幕式的记忆，帮助学生积累开幕式场面描写的素材。〕

3. 当堂练笔，教师反馈

写一写运动会开幕式让你印象最深刻的一个场面。

教师反馈，找出优点（如具备场面描写的要点、运用了好词佳句、按一定的顺序描写、思路清晰等），发现不足，提出改进建议。

〔设计意图：学习场面描写是本节课的重点，其实也是难点。首先让学生知道什么是场面描写，场面描写都要包含哪些要点，让学生联系课文的写法去考虑，发挥学生的主动性。其次是重视学生当堂练笔后的反馈，从优点、不足和修改建议三个方面入手，既要让学生保持对小练笔的兴趣与热情，又让学生明确改进的方向，进一步提高学生的习作水平。〕

第七课时

本课内容是第八组课文中的第三、四篇，《青山处处埋忠骨》主要讲了毛泽东的爱子毛岸英在抗美援朝战争中光荣牺牲后，毛泽东惊悉这一噩耗后极度痛苦的心情和对岸英遗体是否归葬的抉择过程，表现了毛泽东常人的情感与伟人的胸怀。

《毛主席在花山》记叙了毛泽东1948年春夏之交住在花山村时的几件事，表现了毛泽东热爱群众、关心群众、和群众打成一片的革命情怀，深刻反映了毛泽东既是伟人，也是普通群众。

● 版块一 导入新课

1. 课题导入

前两节课，同学们领略了毛泽东作为诗人和领袖的风采，那么作为普通人的毛泽东又有怎样的情感世界呢？下面我们学习第27、28课。

2. 了解相关资料

第27课《青山处处埋忠骨》发生在一个特殊的历史时期——抗美援朝战争时期，你对这场战争了解吗？

学生交流。

老师小结：1950年，新中国刚成立，美国政府打着联合国的旗号公然发动朝鲜战争，战火烧到我国东北边境，严重威胁我国安全。同年10月，我国政府作出抗美援朝、保家卫国的战略决策，彭德怀任司令员，东北边防军组成中国人民志愿军，开赴前线。战争中，我国数以万计的烈士葬身异国，毛泽东的儿子——毛岸英就是其中一位。

〔设计意图：导入新课，交流相关资料，使学生初步认识本文事件发生的特殊历史背景。〕

● 版块二 了解两篇课文的主要内容，初步感知人物形象

1. 《青山处处埋忠骨》这一课主要讲了什么内容？

《毛主席在花山》中又发生了哪几件事？（学生汇报）

2. 通过自学任务单，在这两课中，毛主席给你留下了怎样的印象？（学生

交流、汇报）

3.老师总结印象并板书：深爱儿子　关心群众。

〔设计意图：对课文内容进行整体把握，深化第一课时的学习效果，使学生形成对毛泽东的初步印象。〕

● 版块三　结合学习任务单，理解课文内容

1.默读第27课，思考：你从哪里感受到了毛泽东深爱儿子？用横线画出文中相关语句，做出批注，说说你从中感受到了什么？（学生汇报）

预设1："从收到这封电报起，毛泽东整整一天没说一句话，只是一支又一支地吸着烟。桌子上的饭菜已经热了几次，还是原封不动地放在那里。"（学生交流）

追问：接到电报后，作为父亲的毛泽东在干什么、想什么？为什么一整天不说一句话，不吃一口饭？你从中感受到了什么？

（出示照片）毛岸英牺牲的时候年仅28岁，而毛主席当时已年近六旬，亲人突逝，生离死别那是怎样的一种痛呀？国文大师季羡林在《怀念母亲》一文中有过这样的描述——

（课件出示：我痛哭了几天，食不下咽，寝不安席。我真想随母亲于地下。）

季羡林中年丧母，痛苦万分，但比这更不幸的就是老年丧子，白发人送黑发人，这种痛是怎样的一种痛？你能用什么词来形容？

预设2："岸英！岸英！"主席用食指按着紧锁的眉头，情不自禁地喃喃着。

这是对毛泽东什么方面的描写？

你能具体说说从哪个动作体会到了什么？从紧锁的眉头中你感受到毛泽东怎样的内心世界？

预设3："儿子活着不能相见，就让我见见遗体吧！"

这是父亲对儿子最自然的感情，谁来读？

2.补充资料：你知道吗？毛主席有三个儿子，次子岸青幼年流浪街头的时候被警察打伤头部，无法治愈；三子岸龙在战争中不幸失踪，再无信息；长子

岸英，受尽了苦难才回到主席身边。可以说这是主席唯一一个健康的儿子，他对岸英寄予了厚望。

3.结合"第二封电报"理解毛泽东将儿子葬身异国的真正原因。

出示句子：

我的儿子死了，我当然很悲痛，可是，战争嘛，总是要死人的。朝鲜战场上我们有多少优秀儿女献出了生命，他们的父母难道就不悲痛吗？他们就不想再见一见孩子的遗容吗？岸英是我的儿子，也是朝鲜人民的儿子，就尊重朝鲜人民的意愿吧。

追问：从这段话中，你读出了什么？

4.理解"青山处处埋忠骨，何须马革裹尸还"。

这两句诗是什么意思？（学生汇报）

小结：青山处处都能埋葬忠臣的遗体，即使长眠于异国的土地上又有何妨？这里是指毛主席将儿子的遗体葬在朝鲜的态度。

过渡语：第27课，我们看到了一个深爱儿子的毛泽东，那么在花山的时候，毛主席又是怎样为群众着想的呢？

5.默读第28课，思考：毛主席是怎样为群众着想的？

预设："你想过没有？我们如果没有老百姓的支持，能有今天这个局面吗？我们吃的穿的，哪一样能离开群众的支持？全国的老百姓就是我们胜利的可靠保证。反过来讲，我们进行的斗争，也正是为了全国的老百姓。这些道理你不是不明白。依我看，你是把我摆在特殊位置上了。"

老师小结：这句话包含三层意思：（1）革命战争必须依靠群众的支持。（2）我们进行革命斗争也正是为了人民群众的幸福。（3）教育警卫员不要把他摆在特殊位置上，特殊是指首长、领袖的生活待遇应不同于普通群众，表现了毛泽东依靠群众、关心群众、坚持和群众同甘共苦的崇高品质。这是毛泽东一贯的思想作风。

〔设计意图：从课文入手，重点探究毛泽东失去儿子后极度悲痛的内心世界，抓住关键词句，从动作、语言、心理、神态等方面体会毛泽东情感的变

化。从《毛主席在花山》一课的一处关键语句中体会毛主席热爱群众、关心群众、不搞特殊化的革命情怀。〕

● 版块四 拓展阅读，总结提升

1. 老师小结：同学们，这就是一个心中时刻装着群众、时刻为群众着想的毛泽东。通过本单元的学习，我们走近了毛泽东，认识了这样一位伟人，他是一位才华横溢的诗人，是一位深受群众爱戴的领袖，是一位深爱儿子的父亲，是一位关心群众的首长。

2. 拓展：除此之外，毛泽东不但是一位杰出的书法家，他还是一位军事家、政治家、哲学家……他爱好广泛，比如读书、游泳、乒乓球……

3. 推荐同学们阅读《毛泽东与伤员》《毛泽东看戏》《不搞特殊》这几篇文章，读过以后，你会更全面地认识毛泽东。

〔设计意图：本环节拓展了学生认识毛泽东的阅读视野，启迪学生从课外读物中探寻伟人的事迹，从中受到熏陶教育。〕

（刘甜甜　吴潇　卞丹丹）

人教版五年级上册第六组"父母之爱"教学设计

【单元教学内容】

人教版语文教科书五年级上册第六组的四篇课文：《地震中的父与子》《慈母情深》《"精彩极了"和"糟糕透了"》《学会看病》。

【单元教学目标及流程】

本教学设计共六课时。

第一课时，自主学习课，学生按照任务单（前四项任务）进行自学、交流。（后附任务单）

第二课时，单元导读课，本课时要落实的目标有：

1. 认读"洛杉矶、混乱、昔日"等词语；认读并积累"瘦弱的脊背、龟裂的手指"等描写人物外貌的词语及"震耳欲聋、一如既往"等四字词语，读准多音字"龟";理解"龟裂、慈祥、谨慎、按图索骥、聊胜于无"等词语的意思。会写"洛杉矶、混乱、废墟"等词语，写字要正确、规范。

2.明确本组主题，正确、流利地朗读本组课文。

3.抓住事情的起因、经过、结果概括课文的主要内容。

第三课时，自主学习课，学生按照任务单（第五项任务）进行自学、交流。

第四、五课时，对比阅读课，本课时要落实的目标有：

1.对比阅读《地震中的父与子》《慈母情深》《"精彩极了"和"糟糕透了"》《学会看病》四篇课文，感受父母之爱或执着或深沉，鼓励、严格交叉影响，又或者看似狠心等不同的表现形式。

2.有感情地朗读课文，通过品读关键词句感受父母之爱的伟大。

3.联系生活经历，能理解父母之爱不同的表现，有向父母表达爱的愿望。

第六课时，拓展阅读课，本课时要落实的目标有：

1.拓展阅读《转弯处的回头》《秋天的怀念》两篇文章，进一步感受父母之爱的深沉与宽广，并通过对比阅读感受父母之爱的两种不同表现形式。

2.推荐阅读龙应台的《亲爱的安德烈》。

【教学过程】

第二课时　单元导读课

⦿版块一　漫画导入，揭示主题

1.学生欣赏漫画集《父与子》中的《父亲的担心》这幅漫画，说说漫画内容。

2.看到这组漫画，你是否想到了自己？我们每个人小时候都曾这样顽皮、淘气，我们一次次让父母生气、担心，而他们却一次次宽容我们，为我们遮风挡雨。自古至今，千千万万的父母都是一样的，还记得这首诗吗？出示《游子吟》，学生读，是啊，母爱就在那密密的针脚里。我们每个人都是在父母的爱中长大，本单元就让我们一起去感受那深沉的、温暖的"父母之爱"。

〔设计意图：很多学生都看过卜劳恩的漫画集《父与子》，那个慈祥有趣的父亲和那个淘气可爱的孩子给读者留下了深刻印象，以其中一幅漫画导入，不仅迅速调动起了学生的学习兴趣，还为揭示主题做好了铺垫。〕

●版块二 明确学习要求，检查字词预习

1. 请打开书第92页，读一读单元导语，看看这一单元的学习要求是什么。指名读，指名说。

2. 围绕"父母之爱"这一主题，本组都包括哪些课文呢？学生读课题，教师依次小结：

《地震中的父与子》，提起地震，我们往往会想到房倒屋塌、家破人亡、人们悲痛欲绝的场景，在这样的危急关头，父与子会发生怎样的故事呢？

《慈母情深》，这个故事的时代背景离我们有点远，你了解吗？（学生交流）作者一直想买的那本《青年近卫军》，是一本在20世纪六七十年代风靡全国的苏联小说。在当时，这本小说的价格是1元5角钱，可是对于一个贫困家庭来说，拿出这些钱来买书是一件奢侈的事情，所以作者在文中说"我也从来没有向母亲一次要过这么多钱"。那在这样一个贫寒的家庭，母亲又会给予儿子怎样的爱呢？

《"精彩极了"和"糟糕透了"》，这是父母二人对巴迪的作品所给予的截然不同的评价，一个"精彩极了"，再没有比这更精彩的了，一个"糟糕透了"，再没有比这更糟糕的了，用文中话说，这是两个"极端的断言"。巴迪小时候经历的这个故事，你是否也经历过呢？

《学会看病》，面对生病的儿子，这位母亲又是怎样做的？相信这些故事能够吸引你，但是，别急。

3. 课前你已经按照任务单自学了，字词掌握得怎么样呢？哪个小组想来接受我的检查？请上台。其他同学仔细听，看他们有没有读错的。

学生汇报，教师补充：

（1）这里有个多音字"龟"，在这里读什么？"龟裂"是什么意思？你发现了吗，这一组词都是描写什么的？齐读这些词语。

（2）"聊胜于无"是什么意思？学生交流。那"按图索骥"呢？出示词典中的两个解释，根据语境选择合适的意思。

（3）听写四个词。请两位同学上台听写。（废墟、瓦砾、慈祥、谨慎，后两个词根据意思听写）交换互查，改错。

〔设计意图：这一环节主要落实字词的认读、理解与书写这一大教学目标，学生完全有能力通过自学或小组合作学习掌握这些字词。所以，这一环节教师主要起到检查预习的作用，在此过程中纠正、指导，并对学生的自学进行评价。〕

● 版块三 检查朗读，渲染铺垫

任务单第一条，正确、流利地朗读本组四篇课文。我想听听你们的朗读。这个片段，谁来读？

1. 出示片段一：他挖了8小时……你总会和我在一起！

教师铺垫：当灾难来临，当危险就在眼前，当绝望吞噬着人们，有一位父亲却不离不弃，他决心要找到自己的儿子。学生展示朗读，评价。

过渡：文中的父亲深深感动着我们，还有这样一位母亲，她那么瘦弱，那么辛劳，挣钱不易，却毅然给钱让孩子买书。

2. 出示片段二：母亲掏衣兜……我挺高兴他爱看书的！

学生展示朗读，评价。教师补充：

（1）"供"，多音字，根据意思选择读音。

（2）你知道吗？作者梁晓声在写这篇文章时，对自己的母亲充满感激与敬意，当时的他正读中学，他酷爱读书，但家境贫寒，幸运的是他有母亲的支持。这种支持促使他后来成为一位著名的作家。

过渡：美国作家巴德·舒尔伯格也有一个一直支持、鼓励他的母亲，不过他还有一个严格的父亲，他们俩因为孩子的一首诗争吵起来了。

3. 出示片段三：亲爱的，发生了一件奇妙的事……难道这世界上糟糕的诗还不够多吗？

学生展示朗读，评价。教师小结：当时的巴迪还不明白，可是多年后他知道了，原来父母的爱就存在于这争吵之中。

过渡：父母对我们的爱几乎无处不在，有时在争吵里，有时在那喋喋不休的叮嘱里。

4.出示片段四：你到街上去打车……我喋喋不休地指教着。

学生展示朗读，评价。教师小结：似乎每一个妈妈都是爱唠叨的，不要觉得烦，因为爱就在那喋喋不休的唠叨里。

〔设计意图：这一环节主要落实"正确、流利地朗读课文"这一目标，以抽查朗读的形式进行评价反馈，同时要注意，虽是检查预习情况也要围绕单元主题"父母之爱"，时时加入语言的渲染与铺垫，使这一环节不会变得枯燥无趣。〕

● 版块四 整体感知，梳理内容

1.同学们，四篇课文带给我们四个触动人心的故事，那每个故事到底讲了什么事呢？需要你用简练的语言概括出来。拿出任务单，我们先来看《地震中的父与子》，先在小组内读一读自己的概括，每组选出一位概括得最好的。

2.学生汇报交流。

教师指导：我们一起来看他的概括，这是一篇记事的文章，我们可以按照时间、地点、人物，事情的起因、经过、结果这六要素来概括。"有一年、美国洛杉矶、一位父亲"，时间、地点、人物都有了，"有一年，美国洛杉矶发生大地震"，这是事情的起因。"……"这是事情的经过和结果，感觉少点什么？很多同学在概括时往往省略了中间这部分"经过"，这种概括是不完整的。

3.学生修改自己的概括。再以小组为单位从后面三课中任选其中一课进行修改，把你们讨论的最终结果写在卡片上。

4.教师巡视指导，学生展示交流。

〔设计意图：这一环节主要落实"抓住事情的起因、经过和结果概括课文的主要内容"这一教学目标，很多学生在概括时容易出现概括不完整的现象。通过展示、修改，使学生明白应该怎样进行概括，授之以渔。然后，学生也就能对另外三篇课文内容的概括进行修改了。〕

● 版块五 总结课文

同学们，课文内容概括完了，你有没有发现，父母对我们的爱，可能体现在生命的危急关头，可能体现在我们成长的关键事件中，也可能就在日常生活的小事中。有时候我们甚至听不到也看不到，然而，父母之爱就在那里，从未离开。下节课，让我们一起走进文本，去深入品读那震撼人心的、深沉宽广的父母之爱。

第三课时　对比阅读课

● 版块一　衔接导入，明确任务

1. 上节课，我们对这四篇课文有了初步的了解，对记事的文章，我们知道了可以根据事件的六要素概括出主要内容。这节课，我们将走进这四篇文章，从字里行间感受伟大的父母之爱。请看第五项学习任务（课件出示），谁来读一读。（指定学生读）

请默读四篇课文，边读边想：这四篇课文中的父母之爱各是一种怎样的爱呢？画出相关语句，读一读，并谈谈感受。

〔设计意图：四篇课文的对比阅读，需要一个抓手，也就是寻找一个核心问题，以进行有效整合。通过对教材的解读，四篇课文的共通点在于都表达了父母之爱，但表现形式各不相同。因此，引导学生聚焦问题，展开有针对性的学习，有利于其作出整体的思考，也大大提高了学习的效率。〕

2. 师生交流，完善板书。

我相信这个问题大家都有了自己的思考，这都是怎样的爱呢？

（1）先看《地震中的父与子》一课，你感受到了怎样的父爱？

（预设：了不起。）

追问：了不起是指一种程度，是什么样的爱让你觉得了不起啊？用一个关键词来概括。（板书：执着）

（2）《慈母情深》呢？

这位贫寒的母亲，这位辛劳的母亲，在这件事中表现出的爱是那么深沉，给我们留下了难忘的印象。我们就用"深沉"来概括吧。（板书：深沉）

（3）那么从《"精彩极了"和"糟糕透了"》中，你又体会到怎样的父母之爱呢？（板书：鼓励/严格）同意吗？这截然不同的评价，也表达了父母不同的爱。

（4）《学会看病》这一课你又体会到怎样的母爱？（板书："狠心"）

这个母亲的做法确实严厉。有时看似狠心的背后，仍然饱含着母亲浓浓的爱。

〔设计意图：学生借助任务单进行了自学，对这节课的学习属于"有备而来"，因此，在简单回顾思考话题后，开门见山，直接汇报自己的思考。作为个体，首先要有自己的思考，每一位同学都参与学习活动，是小组合作学习的前提，也为课堂上更充分的交流提供了有力的保障。通过交流，得出每一篇课文中父母之爱不同表现的核心词，为小组合作交流打下基础。〕

●版块二　学生汇报，感悟朗读

我们通过交流、碰撞，从整体上感受父母之爱有这么多不同的表现形式。接下来，我们就一起交流，你是从哪些语句体会到的？先把你画的句子和组里的同学交流一下。交流后可以重点组织其中的一课准备汇报。三分钟，可以吧？开始！

1.《地震中的父与子》

首先来看《地震中的父与子》，你从哪体会到这是执着的父爱？哪个小组想来汇报？

预设1：警察走过来……

真不错，你抓住了语言描写。类似这样的语言描写还有很多，再找找。（其他组可以补充）你再读读父亲的话，有什么发现？（预设：三句话表达了一个意思。）什么意思？（预设：父亲只有一个念头：救儿子！）

是啊，父亲救儿子的这个信念是多么坚定，谁能不为父亲这份执着的爱感动呢？透过父亲的语言，我们感受到了父亲的执着。

预设2：他挖了8小时，12小时，24小时，36小时，没人再来阻挡他。他满脸灰尘，双眼布满血丝，衣服破烂不堪，到处都是血迹。

学生体会到父亲挖的时间长，辛苦，坚定，疲惫。

还有补充吗？

（1）看到这样一位如此执着的父亲，你的内心升腾出一种怎样的情感？你

们组派一个人来读一读这一段。（学生读）谁来挑战他？（挑战者读）

（2）父亲如此坚持，心里只有一个念头——齐读："儿子在等着我！"因为他曾经给儿子承诺过——齐读："不论发生什么，我总会跟你在一起！"

（3）评价：汇报有效，加分。

2.《慈母情深》

爱，是能创造奇迹的，父亲这份执着的爱给了阿曼达第二次生命。在灾难面前，这份执着的爱感动着每一个人。《慈母情深》中的母爱又是何等深沉呢？哪个小组想来交流你们的句子？这样吧，你们小组派个代表来汇报。

预设1：母亲掏衣兜，掏出一卷揉得皱皱的毛票，用龟裂的手指数着。

我穿过一排排缝纫机……

小结：这是一位多么辛劳的母亲啊！

预设2：母亲说完，立刻……

小结：母亲就这样争分夺秒地工作，就是为了不但能让孩子吃得上饭，还能让孩子读得上书！

预设3：背直起来了，我的母亲……

小结：没想到，母亲赚钱是这样不容易，此时作者心里是百感交集，已经无法用言语来表达。你能读出来吗？

预设4：母亲却已将钱塞在我手心里了，大声对那个女人说："我挺高兴他爱看书的！"

小结：在20世纪60年代，解决温饱还是问题，父亲在大西北工作，母亲一个人带着5个孩子生活，在这种情况下还支持儿子读书。母亲的爱是何等深沉。

教师总结：因为想买一本书，作者到了母亲工作的地方，却亲眼看到了母亲的辛劳，这让他受到很大触动，课文中这样写道——齐读："那一天我第一次发现，母亲原来是那么瘦小！那一天我第一次觉得自己长大了，应该是个大人了。"有人说"寒门出贵子"，我想，"贵子"的背后总会站着一个不平凡的母亲，就是这件事让作者懂得面对生活不敢懈怠，他在这篇文章后记中这样写道（指定学生读）——"也就是从那天起，我有了第一本长篇小说，也就是在那一天以后，我再也没有向母亲要过一分钱，也就在那一年，我有了几十本长篇小说。这，都是我自己挣钱买的。这是一个母亲给予儿子的力量。……后来，我终于成了大作家。"

3.《"精彩极了"和"糟糕透了"》

（1）那这一课中的巴迪，比起梁晓声的生活不知好了多少倍。他的母亲是作家，父亲是影片公司的老板。他感受到的母爱与父爱又都体现在哪里呢？哪个小组来说？

预设1：母亲一念完那首诗，眼睛亮亮地，兴奋地嚷着……

小结：这种爱，多么热烈啊！心里暖暖的，就像阳光洒过心头。指定学生读。

预设2："我看这首诗糟糕透了。"父亲把诗扔回原处。

"写得不怎么样，但还不是毫无希望。"

小结：父亲这种严厉的言辞，就像一盆冷水，泼在巴迪火热的心上。假如你是巴迪，会有什么感受？（指定学生说）巴迪和你的感受一样，他感到沮丧、失落、生气……多年以后，巴迪理解爸爸的这种爱了吗？（指定学生读有关语句）

（2）母亲的鼓励，让巴迪在遇到困难的时候懂得坚持；父亲的严厉，让巴迪在成功的时候始终保持清醒。这两种爱形成一种平衡，伴随他长大。这就是巴迪父母的爱。

（3）生活中，我们不仅要接受表扬、鼓励，也要接受批评、提醒。表扬让人奋进、有动力，批评能让人清醒。正如巴迪成人后写的这段话——（出示课文最后一段）齐读。

4.《学会看病》

（1）从《慈母情深》与《"精彩极了"和"糟糕透了"》这两篇课文中，我们感受到的母爱是那样的温暖。这篇文章（《学会看病》）当中，这种"冷漠"的母爱，你又是从哪些地方体会到的呢？

预设1："你到街上去打车……"

这"喋喋不休"的话，满满都是爱。

预设2：儿子摇摇晃晃地走了……

这是母亲的心理描写，里面有担心、后悔与自责，尽管儿子看不到，但这又何尝不是一种爱呢？

（2）母亲为什么表现得这么冷漠？毕淑敏是这样写给儿子的，让我们读一下这个母亲的心声——齐读："孩子，不要埋怨我在你生病时的冷漠。总有一天，你要离我远去，独自面对生活。"

小结：在这样的母爱当中，他的儿子芦淼，成长为心理学和法学硕士，现在在中国青年出版社工作。

〔设计意图：通过几个核心词回归文本，体味课文关键词句带来的感知，感受父母之爱不同的表现形式，并有感情地进行朗读，同时，通过资料补充，进一步了解这深沉伟大的爱带给孩子的影响，感受这一份份爱的巨大意义。本节课的学习，以学生小组合作交流后的汇报为主要形式，生生互动进行补充，教师点拨、提升并丰富认识，辅以小组加分的评价机制，充分调动起学生参与、表达的积极性，体现出"以生为本""以学定教"。这对老师提出了更高的要求，需要做好充分的预设，并关注学生学习的有效性。〕

● 版块三 本课总结

在我们的成长过程中，不管是在重大的灾难面前，还是在平凡的生活中，父亲母亲总是用坚实的臂膀给我们撑起一个温暖的世界，不论他们的爱用何种方式呈现。父母的爱就像阳光、空气一样，伴随着我们成长。随着我们的长大，我们是不是该回馈父母对我们的爱了呢？

关于父母之爱的故事，永远讲不完。下节课，老师将继续带领大家走进更多感人的故事。

〔设计意图：通过语言的渲染与铺垫，回顾整个单元四篇课文内容的脉络，提出问题引发学生思考，引导学生联系自己的生活，感受自己父母不同形式的爱，学会理解自己的父母，并积极回馈，也就使得学习活动有了更多的生命力。〕

第四课时　拓展阅读课

● 版块一 导入新课

同学们，上节课我们品读了四个表现父母之爱的故事，我们感受到了父亲执着的爱，这种爱给了阿曼达新的生命；感受到母亲深沉的爱，这种爱让作者梁晓声在那个物质极其匮乏的年代有书可读，为他以后成为著名作家奠定了基础；感受到了一种鼓励的爱和一种严格的爱，这两种爱使巴迪在创作的道路上取得了很大的成功；我们还感受到了一种看似狠心的爱，这种爱使儿子渐渐学会了独立。

〔设计意图：这一环节既是对课内四篇课文的梳理总结，又深化了学生的认识：父母之爱的表现形式是不一样的，有的是执着的，有的是深沉的，有的是鼓励的或严格的，有的是看似狠心的，但它们都给了儿女无穷的力量。同时，本环节也为后面的拓展阅读做好了铺垫。〕

● 版块二　拓展阅读

1. 关于父母之爱，还有太多太多的故事，这节课老师给大家带来两篇文章，一篇是《拐弯处的回头》，一篇是《秋天的怀念》。

2. 我们先来看《拐弯处的回头》，请你默读这篇文章，思考：文中的父亲表现出的又是一种怎样的爱呢？请结合相关语句，谈谈自己的体会。

预设：可是当他走到拐弯处，就在他侧身左拐的刹那，好像不经意似的悄悄回过头，很快地瞟了弟弟他们一眼，然后才消失在拐弯后面。

你能结合具体词句来谈谈吗？学生交流。

过渡：父亲的爱，都藏在了这一动作里。就像上文那位同学说的："大部分老爸都这样。其实他很爱你，只是不善于表达罢了。"不善于表达，这是一种怎样的爱呢？我们用一个词来概括。（板书：含蓄）有些父母，就像这位父亲，不善表达，他们总是用行动诠释着对孩子的爱，这种爱也足以打动人心。正如作者在最后一段写的，请你自己读一读。现在带着你的感受，我们一起读一读。

3. 再来看《秋天的怀念》，这篇文章的作者是史铁生。

（1）出示资料介绍：史铁生是当代中国最令人敬佩的作家之一，代表作有《我与地坛》《合欢树》等。二十一岁的时候，他突然得了一场重病，导致高位截瘫，也就是在那一年，他的母亲去世了。后来，他在许多文章里都写到了母亲。《秋天的怀念》便是怀念母亲的文章。

（2）请你默读这篇文章，思考：面对瘫痪的儿子，母亲所给予的是一种怎样的爱呢？请结合文中相关语句谈谈自己的体会。

预设1：母亲就悄悄地躲出去……看着我。

追问：其实文中还有一句话能体现出母亲的小心翼翼，你能找到吗？你看，母亲总是悄悄地、偷偷地，她为什么要如此小心？对，儿子的不幸便是母亲的不幸，这种痛母亲默默地隐忍在心里。她小心地注意着自己的言行，生怕惹儿子心烦，她爱得多么小心翼翼啊！（板书：小心翼翼）

预设2：母亲喜欢花，……那些花都死了。

儿子在她心目中就是最重要的，为了他，可以舍弃自己的喜好。

预设3：可我却一直都不知道，她的病已经到了那步田地。后来妹妹告诉我，她常常肝疼得整宿整宿翻来覆去地睡不了觉。

补充：母亲当时已经是肝癌晚期了，当时她消化道出血，吃不下东西，肝部剧烈疼痛。虽然很痛苦，但在儿子面前没有一点流露，相反，还在全身心地为儿子着想。

预设4：北海的菊花开了……央求般的神色。

追问：你觉得母亲再三央求带儿子看花的真正用意是什么？

对，母亲希望儿子走出封闭的内心世界，重新建立生活的信心，这就是一位母亲的良苦用心。

预设5：别人告诉我，她昏迷前的最后一句话是："我那个有病的儿子和我那个还未成年的女儿……"

儿女就是父母的整个世界，在她生命即将结束的时候，她牵挂的还是自己的儿女。这就是父母之爱，这种爱是平凡的，更是伟大的。

（3）教师渲染，有感情地朗读。

那个秋天，母亲猝然离世，但母亲的话在他的心头久久回荡：好好儿活，好好儿活……这个沮丧的青年终于觉醒、振作起来。（音乐起）又是秋天，妹妹推我去北海看了菊花……（齐读最后一段）

（4）拓展阅读，升华主题。

史铁生做到了，他成了著名的作家，也终于明白了母亲那份沉甸甸的爱。

后来他在《我与地坛》里这样写道：（出示，指名读）

在那段日子里——那是好几年长的一段日子，我想我一定使母亲做过了最坏的准备了，但她从来没有对我说过："你为我想想。"事实上我也真的没为她想过。那时她的儿子还太年轻，还来不及为母亲想，他被命运击昏了头，一心以为自己是世上最不幸的一个，不知道儿子的不幸在母亲那儿总是要加倍的。她有一个长到二十岁上忽然截瘫了的儿子，这是她唯一的儿子；她情愿截瘫的是自己而不是儿子，可这事无法代替。她想，只要儿子能活下去哪怕自己去死呢也行，可她又确信一个人不能仅仅是活着，儿子得有一条路走向自己的幸福；而这条路呢，没有谁能保证她的儿子终于能找到。——这样一个母亲，注定是活得最苦的母亲。

你知道吗？全天下的父母都是一样的，儿女的不幸在他们那儿总是要加倍的，他们情愿不幸的是他们自己而不是孩子，只要孩子能活下去哪怕自己去死也行。

母亲去世后，史铁生很长一段时间都生活在深深的后悔之中，他后悔自己曾经的暴躁，后悔太晚知道母亲的苦。我们每一个人终究要长大，有时当我们意识到要回报父母时，却发现他们已经不在了，那种遗憾是无法弥补的。所以，回报父母，不要等待。今天回家，希望你能伸出双手拥抱你的父母，并轻轻对他们说："爸爸妈妈，我爱你们。"

〔设计意图：处理两篇文章详略有度，《拐弯处的回头》略讲，主要通过对父亲那一瞬间的动作描写的品读感受父爱之含蓄；《秋天的怀念》详讲，围绕"面对瘫痪的儿子，母亲所给予的是一种怎样的爱呢？请结合文中相关语句，谈谈自己的体会"这一核心问题，以小组为单位汇报交流，教师在此基础上提升、总结，升华主题。〕

●版块三　总结课文，推荐阅读

同学们，今天我们一起阅读了六个故事，带给我们不同的感动。我们成长的每一步都离不开父母的陪伴。世界上最广袤、最无私的便是父母对我们的爱。也许岁月能够冲淡他们的记忆，但无法抹去他们对子女无尽的爱。有一本书，记录了一个母亲陪伴儿子成长的过程，那就是《亲爱的安德烈》，希望你和你的母亲一起去读。

【板书设计】

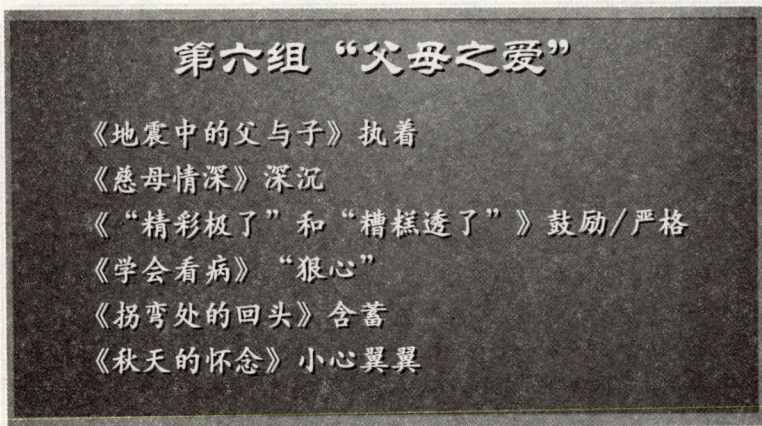

附：自主学习任务单

五年级上册第六组"父母之爱"单元整合学习任务单

一、正确、流利地朗读本组四篇课文，先自己练习朗读，准备好后请组长选取四篇课文中的任意一段检查朗读。

二、读准下面的字词，给加点的字注音。通过联系上下文或查字典、词典的方法理解第4题中词语的意思。先自学，然后小组内互相检查下面的词语。

1.洛杉矶　混乱　昔日　废墟　阿曼达　爆炸　瓦砾　陷入　忙碌　攥着　脑眶　誊写　出版　歧途　谨慎　打蔫儿　噢　怔住　艰涩　坠入　拖沓　倚在

2.瘦弱的脊背　褐色的口罩　眼神疲惫的眼睛　龟（　　）裂的手指

3.震耳欲聋　一如既往　喋喋不休　雪上加霜　来日方长　按图索骥　忐忑不安　聊胜于无

4.龟裂：　　　　　　　　慈祥：

　　谨慎：　　　　　　　　按图索骥：

聊胜于无；

三、会写"洛杉矶、混乱、昔日、废墟、阿曼达、疾步、爆炸、瓦砾、砸伤、颤抖、糟糕、巴迪、搂住、自豪、誊写、位置、公司、奇妙、出版、慈祥、歧途、谨慎"这些词语，自学好后，组长给组员听写，互查，修改。注意写字要正确、规范。

四、快速默读四篇课文，抓住事情的起因、经过和结果概括课文的主要内容，完成下面表格。

课文	主要内容
《地震中的父与子》	
《慈母情深》	
《"精彩极了"和"糟糕透了"》	
《学会看病》	

五、请默读四篇课文，边读边想：这四篇课文中的父母之爱各是一种怎样的爱呢？画出相关语句，读一读，并谈谈感受。

资料袋

洛杉矶大地震　1994年1月17日，美国洛杉矶发生6.6级大地震。据统计，这次地震造成62人死亡，9 000多人受伤。地震毁坏建筑物2 500余座，高速公路多处被震断，一些立交桥坍塌，约11条主干道被迫关闭。地震还造成该市约4万户住宅断水，5.2万户断电，3.5万户断煤气，通讯网络出现严重阻塞，累计经济损失高达300亿美元。

巴德·舒尔伯格（1914—2009），美国著名作家、编剧。在他68年的写作生涯里，共创作了34部作品，其中13部被拍成电影或搬上舞台。所出版的作品有《在滨水区》《码头风云》《什么使萨米逃走》《醒着的梦》等，他担任编剧的好莱坞影片《码头风云》最广为人知。

梁晓声（1949—），小说家。山东荣城人。1977年毕业于复旦大学。主要作品有：短篇小说《父亲》；中篇小说《今夜有暴风雪》；长篇小说《雪城》

《年轮》等；小说集《天若有情》《这是一片神奇的土地》等。他的《慈母情深》写的是20世纪60年代初的事，当时正是国家困难时期，大多数老百姓的家境都很困难，"一元五角钱"买一本书在当时是不容易的事情。

毕淑敏，1952年10月出生于新疆伊宁，国家一级作家。著有《毕淑敏文集》十二卷，长篇小说《红处方》《血玲珑》等。曾获小说月报第四、五、六届百花奖，当代文学奖，北京文学奖等各种文学奖30余次。

（米文丹　周雪娇）

人教版六年级上册第五组"走近鲁迅"教学设计

现行人教版语文教材是按主题分组编排的，同主题下的一组课文人文目标一致，学习要求相近，为单元整合提供了可能。单元整合教学的基本思路就是：在单元主题的统领下，以单元训练目标和要求为纲，打破一篇课文教2-3课时的常规做法，一课时教多篇同主题课文。课堂上弃繁就简，着力于有感情地朗读、理解关键问题以及多篇文章的对比阅读，注重从整体上达成学习目标。

【设计理念及意图】

人教版语文教科书六年级上册第五组以"走近鲁迅"为主题，四篇文章中有一篇是鲁迅自己的作品，其余三篇都是不同的人写鲁迅的，这样就使得鲁迅这一人物形象显得更加真实、丰满、生动，为单元整合提供了可能。

【单元教学内容】

人教版语文教科书六年级上册第五组的四篇课文，鲁迅《故乡》中"中年闰土"的节选。

【单元教学目标及流程】

本教学设计共六课时。

第一课时，学生自学任务单、单元导读：1.正确、流利地朗读本组四篇课文。2.读准本组课文中的字词，小组内互相检查。3.初步理清四篇课文的主要内容。4.根据资料袋，了解鲁迅。（略）

第二课时，师生对第一课时的学习情况进行反馈交流，落实字词听写，课

文朗读，理清课文内容，学习《有的人》。（详）

第三课时，学生自学《少年闰土》任务单：1.理清课文脉络。2.体会含义深刻的句子，感受闰土这一人物形象。3.思考课文写法。4.阅读补充材料。（略）

第四课时，以《少年闰土》任务单为抓手进行整合阅读，以"少年闰土"带"中年闰土"。旨在深化阅读，从读学写。（详）

第五课时，学生自学《我的伯父鲁迅先生》和《一面》的任务单。（略）

第六课时，以任务单为依托，利用小组合作的形式进行《我的伯父鲁迅先生》和《一面》这两篇课文的对比阅读。旨在感悟不同作家笔下的鲁迅形象。（详）

【教学过程】

第二课时

学习内容：落实字词和课文朗读，整体感知本单元的四篇课文，学习《有的人》，初步感知鲁迅形象。

●版块一 课前交流，导入新课

1.出示单元导语。（学生读）

2.学习要求是什么？

3.提到鲁迅，你对他有哪些了解？

4.这是我们眼中的鲁迅，你知道吗？鲁迅曾风靡了一个时代，是那个时代的精神领袖，他已经逝世很多年了，但他的精神仍留在我们心中。很多人为他写下赞歌，在著名作家臧克家的笔下，他是怎样的呢？

〔设计意图：紧扣单元主题，让学生对本单元的学习内容有个全面的认识，并了解单元学习要求，从而引入新课学习。〕

●版块二 学习《有的人》

出示《有的人》，找两位同学读一读这首诗，一人读前三个小节，一人读后面的部分。

教师小结："有的人/俯下身子给人民当牛马。"这就是鲁迅，他生于1881

年，卒于1936年，年仅55岁，经历了中日甲午战争，中国惨败，清王朝的覆灭，国内军阀混战，加之德、日的入侵，国家内忧外患，民不聊生。在这种环境下成长起来的鲁迅忧国忧民。他写了许多作品，刻画了平民大众的真实痛苦生活，为人民的疾苦呐喊。

〔设计意图：学生缺乏对当时背景知识的了解，教师适当的补充，可以更好地帮助学生理解人物形象。〕

● 版块三 板书课题

本单元这四篇课文，《少年闰土》是鲁迅写的别人，《我的伯父鲁迅先生》是鲁迅的侄女周晔写的，《一面》是和鲁迅见过仅仅一面的年轻人阿累写的，《有的人》是臧克家为纪念鲁迅逝世13周年写的。（板书四个课题）

〔设计意图：让学生对整个单元的课文有全面的认识，了解每课的作者。〕

● 版块四 根据学情，检查预习

1. 课件出示任务单第二条第一组词语，组内互查认读情况，指名检查。关注多音字的读音。

2. 课件出示任务单第二条第二组词语，指名读。

3. 检查理解任务单第二条第三组的词语的情况。

4. 听写任务单第三条中的词语，关注易错笔画、笔顺。

5. 抽查课文朗读情况。（从三篇课文里面选择精彩的段落进行抽查朗读）

〔设计意图：以上五点，学生能根据自己已有的能力进行自学，完成学习，教师检查预习情况，对于掌握不好的部分进行讲解。〕

● 版块五 概括课文内容，整体感知

1. 快速默读本单元的课文，简要概括课文的主要内容，完成任务单上的表格。

2. 小组汇报。

〔设计意图：此环节对应任务四，引导学生通过整体感知，对课文内容有所了解，为后面学习课文打好坚实的基础。〕

● 版块六 细读文本，感受人物形象

1. 思考鲁迅眼中的闰土是怎样的人？别人眼中的鲁迅又是怎样的？

现在请大家静下心来自己读书，边读边思考，把你的想法写在任务单上。

〔设计意图：此环节对应任务五，仔细品读文本，感受鲁迅的人物形象。〕

2. 刚才看大家在课本上圈点勾画，一定都有了自己的想法，下节课由老师带领大家进一步学习《少年闰土》，相信你会有更多的思考。

第四课时

学习内容：师生合作探究，以文带文，以《少年闰土》带"中年闰土"，渗透写法，课堂练笔。

● 版块一　回顾单元主题，了解作家鲁迅

通过上节课的学习，我们了解了鲁迅既是一位伟大的革命家又是一位文坛巨匠。他一生创作了许多作品，今天我们要学的这篇课文就是选自他的小说《故乡》，齐读课题《少年闰土》。

〔设计意图：本设计紧扣单元主题，带领学生了解作家鲁迅，引入新课学习。〕

● 版块二　交流任务单，整体感知课文

快速浏览课文，思考任务单上第一个问题：课文围绕"我"与闰土的交往，先写了什么？又写了什么？最后写了什么？

补充问题：这里的"我"指谁？

预设："我"不是鲁迅，是小说中的主人公。

〔设计意图：根据任务单自学的情况，交流课文的内容。〕

● 版块三　小组汇报交流：品读含义深刻的句子，感知人物形象

1. 初见闰土

（1）初见闰土，作者是如何描写他的？画出相关语句，想一想他给你留下了怎样的印象。

出示：他正在厨房里，紫色的圆脸，头戴一顶小毡帽，颈上套一个明晃晃的银项圈……

（2）他给你留下了怎样的印象？

预设：健康活泼。

（3）过渡语：闰土不仅健康活泼可爱，他的心里还装了无穷无尽的稀奇的事，他都给"我"讲了哪几件稀奇事？

预设：雪地捕鸟　海边拾贝　看瓜刺猹　看跳鱼儿。

2.通过这四件事感受闰土的形象

（1）小组合作学习：默读课文第六~十五自然段，思考：通过这四件事，闰土又给你留下了怎样的印象？画出相关的词句，并在小组内进行交流。

（2）小组汇报：哪一组愿意分享你们学习的成果？

（3）交流汇报：

出示：他说："这不能。须大雪下了才好。我们沙地上，下了雪，我扫出一块空地来，用短棒支起一个大竹匾，撒下秕谷，看鸟雀来吃时，我远远地将缚在棒上的绳子只一拉，那鸟雀就罩在竹匾下了。什么都有：稻鸡，角鸡，鹁鸪，蓝背……"

预设：①下雪天捕鸟体现了闰土生活经验很丰富，很聪明；

②一系列的动作描写体现了他能干；

③省略号，体现了闰土见多识广。

通过交流引导学生体会闰土的聪明能干，并读出闰土的聪明能干。

出示：

"管贼吗？"

"不是。走路的人口渴了摘一个瓜吃，我们这里是不算偷的。要管的是獾猪，刺猬，猹。月亮地下，你听，啦啦地响了，猹在咬瓜了。你便捏了胡叉，轻轻地走去……"

我那时并不知道这所谓猹的是怎么一件东西——便是现在也没有知道——只是无端地觉得状如小狗而很凶猛。

"它不咬人吗？"

"有胡叉呢。走到了，看见猹了，你便刺。这畜生很伶俐，倒向你奔来，反从胯下窜了。它的皮毛是油一般的滑……"

① 闰土给你留下了什么样的印象？（预设：机敏勇敢）猹是一种什么动

物？（预设：类似于獾的野兽）面对野兽闰土表现得怎么样？（预设：勇敢、身手敏捷）

②读出闰土的机敏勇敢：当闰土向"我"讲刺猹经过的时候，你注意到"我"与闰土的表现有什么不同吗？（预设：闰土机敏勇敢，"我"既好奇又害怕）这段对话你能读好吗？我们合作来读读。

③就这样"我"听着听着，闰土看瓜刺猹一幕就深深地刻在了"我"的脑海里，正如文章开头写道：（齐读）深蓝的天空中挂着一轮金黄的圆月，下面是海边的沙地，都种着一望无际的碧绿的西瓜。其间有一个十一二岁的少年，项带银圈，手捏一柄钢叉，向一匹猹尽力地刺去。那猹却将身一扭，反从他的胯下逃走了。

出示：什么都有：稻鸡，角鸡，鹁鸪，蓝背……

你便捏了胡叉，轻轻地走去……

它的皮毛是油一般的滑……

就有许多跳鱼儿只是跳，都有青蛙似的两个脚……

这几句话有什么共同点？从中你体会到什么？（预设：见多识广）

3. 感悟"我"的羡慕

引读设计：面对这个滔滔不绝的闰土——我那时并不知道这所谓猹的是怎么一件东西——便是现在也没有知道……面对这个无所不知的闰土——我素不知道天下有这许多新鲜事……

"并不知道""也没有知道""我素不知道"，这一连串的"不知道"的背后，你体会出了什么？

预设："我"对闰土的钦佩、羡慕、喜爱……

所以，对于"我"这个城里少爷来说，我既没有雪地捕鸟的奇异经历，也没有看瓜刺猹的刺激体验，"我"不禁感叹道——啊！闰土的心里有无穷无尽的希奇的事，都是我往常的朋友所不知道的……

"只看见院子里高墙上的四角的天空"让我想起了一个成语？（预设：坐井观天）"我"为什么有这样的感叹？（预设："我"和"我"的朋友们都是

城里的少爷，每天都在高墙大院里，不像闰土一样自由自在地生活在海边）是啊，不同的生活环境决定了他们不同的人生经历！带着这样的感叹再读。

4.相别中的闰土

过渡语：短短几日"我"便与闰土成了形影不离的好朋友，但是离别还是不期而至，纵然心里对他万般不舍，也终是一别。（齐读最后一段）从那之后，"我"便再也没见过闰土。尽管如此，闰土却常常出现在"我"脑海里——

出示：深蓝的天空中挂着一轮金黄的圆月，下面是海边的沙地，都种着一望无际的碧绿的西瓜。其间有一个十一二岁的少年，项带银圈，手捏一柄钢叉，向一匹猹尽力地刺去。那猹却将身一扭，反从他的胯下逃走了。

二十多年过去了，"我"终于能和闰土再见，此时正值中年的闰土形象会是怎样呢？有兴趣的同学下课可以读一下《故乡》这本书，或者读读老师给你的资料袋。

〔设计意图：借助任务单，进行小组合作学习。通过理解含义深刻的句子，感受闰土这一人物形象。〕

● 版块四 写法拓展，课堂练笔

1.通过这节课的学习，我们认识了少年闰土，作者是怎样将闰土写得栩栩如生的呢？（预设：外貌描写、语言描写、动作描写）这篇课文与我们之前写人的文章有所不同，之前是通过一件事来写一个人，而这篇文章呢？（预设：通过多件事，写一个人）

2.提到外貌描写，这个句子写得很有特点，读读你发现了什么？

出示：他正在厨房里，紫色的圆脸，头戴一顶小毡帽，颈上套一个明晃晃的银项圈……（预设：没写五官，而是抓住特点描写人物外貌）

3.小练笔：你想试试这样的写法吗？（出示中年闰土图片）他就是三十年后的中年闰土，观察图上的人物，你能抓住特点写写你眼中的中年闰土吗？试着写一写，写好我们一起交流。

4.学生练笔。

5.交流练笔。

〔设计意图：回顾课文内容，感知人物写法，根据中年闰土图片展开想象，课堂小练笔。〕

● 版块五　以《少年闰土》带"中年闰土"，进一步感知人物形象及写法

1.阅读资料袋，思考：鲁迅笔下的中年闰土又是怎么写的呢？自读阅读链接，画出描写中年闰土的句子，对比少年闰土，他给你留下了怎样的印象？

2.学生交流。

〔设计意图：以文带文，拓展阅读，进一步感知人物形象，体会写法。〕

● 版块六　升华情感，回归主题

鲁迅笔下像闰土这样的小人物还有很多，他的一生用笔为平民百姓呐喊，心系劳苦大众，这节课我们认识了作家鲁迅，下节课让我们继续学习。

〔设计意图：总结课文，初步感受作家鲁迅。〕

第六课时

学习内容：师生合作探究，对比阅读《我的伯父鲁迅先生》和《一面》，感悟不同作家笔下的鲁迅形象。

● 版块一　回顾课文，导入新课，了解作家鲁迅

通过上节课的学习，我们认识了作家鲁迅。在鲁迅先生的侄女周晔笔下，我们会看到一位亲人鲁迅。这节课，我们来学习第18课，一起读课题。这篇课文是周晔为纪念伯父去世九周年，怀着对他的无比怀念写下的，再读课题。

〔设计意图：了解课文的写作背景，为学生学习文本奠基情感。〕

● 版块二　交流任务单，整体感知课文

1.课文里，周晔回忆了鲁迅先生生前的哪四件事呢？

2.在对鲁迅先生音容笑貌的回忆中，你对鲁迅先生有了哪些了解和认识？让我们小组交流，相信大家的交流一定能给你带来不一样的收获。

〔设计意图：在学生的任务单交流中，本设计能够让每个学生都有发言权，都能有展示自己思考的机会。在小组交流的过程中，学生也能相互学习，

集思广益，并且对预习也起到了督促和反馈的作用。〕

●版块三● 小组汇报交流，品读重点句子，感知人物形象

1. 笑谈水浒

课件出示：伯父摸着胡子，笑了笑，说："哈哈！还是我的记性好。"

（1）摸着胡子、满脸微笑的伯父给你的感觉是什么样的？

（2）周晔张冠李戴、囫囵吞枣地读书，慈祥、和蔼的伯父没打她，没骂她，周晔却说比挨打挨骂还难受，这是为什么呢？

（3）指导朗读。

引语①：当孩子读书不认真时，慈祥和蔼的伯父就是这样教育孩子的。抓住了细节描写，我们就读出了鲁迅先生的诙谐幽默，请你来读。

引语②：幽默风趣的鲁迅先生就是这样委婉地批评周晔的，你再来读。

〔设计意图：引导学生抓住人物的动作、神态、语言描写来品读人物形象，并在朗读中加深对人物的理解把握。〕

2. 笑谈碰壁

课件出示："你想，四周黑洞洞的，还不容易碰壁吗？"

（1）说起这句话，文字的背后是有故事的，谁能读读资料里的第二段？

（2）当时，鲁迅的文章被查禁，不允许他发表任何言论。而且，反动派时不时地会暗杀他，他过着什么样的日子？

（3）可是老师却在这段文字中找到了这三个带"笑"字的句子。想想鲁迅先生当时的真实处境，此时再看这三个"笑"字，你想说什么？

（4）渲染朗读：不知何时就会丧命的鲁迅却和家人在茶余饭后谈笑风生，不得不佩服他的乐观。

结合上下文，再结合背景资料，我们就悟出了鲁迅先生的从容，一起来读这三个句子。

〔设计意图：授人以鱼不如授人以渔，教给学生知识更要教给学生学习知识的方法。课文是学习的载体，通过这个载体，学生习得技能。在这一环节中，学生明晰了品读人物的方法：抓细节描写，结合时代背景，联系上下文。〕

3. 救助车夫

（1）过渡：说到这个故事，老师第一次读的时候还真有个疑惑，按理来说，当别人遇到很难解决的困难时，你伸出了援手，帮助了别人，而且还得到了别人的感激，你心里会是怎样的感受呢？为什么鲁迅和你的感受不一样？

（2）引导：先不着急回答，小声地读读这几个词组，看看能不能通过这些文字走进鲁迅先生此时的内心世界？

课件出示：

呼呼的北风	阴暗的天色
没穿鞋的脚	灰白的嘴唇
低微的声音	饱经风霜的脸

（3）追问：这样的天，看见这样的车夫，鲁迅先生心里是什么滋味？

（4）拓展：现实中，百姓的生活水深火热，而在鲁迅的小说中，也有百姓生活的缩影。还记得前一课咱们认识的那位聪明活泼、见多识广的闰土吗？他后来的生活是这样的，谁来读？

课件出示：

我问问他的景况。他只是摇头。

"非常难。第六个孩子也会帮忙了，却总是吃不够……又不太平……什么地方都要钱，没有定规……收成又坏。种出东西来，挑去卖，总要捐几回钱，折了本；不去卖，又只能烂掉……"

他只是摇头；脸上虽然刻着许多皱纹，却全然不动，仿佛石像一般。他大约只是觉得苦，却又形容不出，沉默了片时，便拿起烟管来默默的吸烟了。

——鲁迅《故乡》节选

（5）追问：当时人们的生活是什么样的？为什么是这般艰难？

（6）拓展：多少对百姓的同情，多少对美好生活的期盼，多少对当局执政者的不满，鲁迅先生把这一切写进了自己的《自嘲》这首诗中。

（7）过渡：他是这样写的，更是这样做的，所以老师在课文的插图中选取了这样一个镜头，你能找到这个镜头对应的文字吗？谁来读？

课件出示：爸爸跑到伯父家里，不一会儿，就跟伯父拿了药和纱布出来。他们把那个拉车的扶上车子，一个蹲着，一个半跪着，爸爸拿镊子夹出碎玻璃片，伯父拿硼酸水给他洗干净。他们又给他敷上药，扎好绷带。

（8）引导体会：作者把一个静止的画面变成了我们脑海中的一些连续的镜头了，作者是怎么做到的呢？哪个动作最能体现鲁迅先生"俯首甘为孺子牛"的精神呢？说说你的体会。

（9）指导朗读：这就是关心百姓的鲁迅，他就是这样俯下身子，为人民服务的，让我们一起来读。

〔设计意图：鲁迅先生的大格局、小细节在此环节中都有涉及，在与学生的交流和追问中，鲁迅的形象更加丰满。课内写法的渗透、课外知识的拓展都巧妙地融合在这个环节中，让学生在对文本的学习中既有能力的培养，又有情感的体会。〕

4.关心女佣

（1）引导体会：当阿三回忆起鲁迅先生对她的关心时，她的心情是什么样的？你来填空读。

课件出示：她_____地说："周先生自己病得那么厉害，还三更半夜地写文章。有时候我听着他一阵阵接连不断地咳嗽，真替他难受。他对自己的病一点儿也不在乎，倒常常劝我多休息，不叫我干重活儿。"

（2）小结：他救助过、关心过的人不计其数，他把关爱给了周围的很多人，所以他去世时，成百上千的民众来到万国殡仪馆追悼他，向他致敬。让我们一起通过文字去看看当时的场面。

课件出示：他的遗体躺在万国殡仪馆的礼堂里，许多人都来追悼他，向他致敬，有的甚至失声痛哭。数不清的挽联挂满了墙壁，大大小小的花圈堆满了整间屋子。送挽联送花圈的有工人，有学生，各色各样的人都有。

● 版块四 以《我的伯父鲁迅先生》带《一面》，进一步感知人物形象

1.过渡：在前来追悼鲁迅先生的人中，有这样一位青年，当他看到鲁迅先生的巨幅照片时，脑海中浮现出了四年前和鲁迅先生第一次见面的场景，于

是，他用深情的文字写下《一面》。这篇课文中，只见了一面的鲁迅先生给这位青年留下了怎样的印象呢？之前我们预习了课文，现在我们再次默读这篇课文，用上抓细节描写、结合时代背景、联系上下文的方法，把新的思考添加到相关语句的旁边。

2.引导体会：你能通过这些描写鲁迅先生外貌的句子来说说他的外貌特点吗？

课件出示：

我向里面望了一下——阴天，暗得很，只能模糊辨出坐在南首的是一个瘦瘦的、五十上下的中国人。……

……原先和内山老板说话的那个老人咬着烟嘴走了出来。他的面孔黄里带白，瘦得教人担心，好像大病新愈的人，但是精神很好，没有一点颓（tuí）唐的样子。头发约莫一寸长，显然好久没剪了，却一根一根精神抖擞地直竖着。胡须很打眼，好像浓墨写的隶体"一"字。……

……我很惊异地望着他：黄里带白的脸，瘦得教人担心；头上直竖着寸把长的头发；牙黄羽纱的长衫；隶体"一"字似的胡须；左手里捏（niē）着一枝黄色烟嘴，安烟的一头已经熏（xūn）黑了。

3.追问：为什么瘦？

4.小结：他早已把自己的健康乃至生命置之度外。他用他的笔，用他毕生的精力为百姓、为民族、为国家奋斗了一生。所以阿累是这样评价他的，指名读相关课文。

〔设计意图："砸实"本节课学生应该掌握的品读人物的方法，既能学习下一篇课文，又能继续丰富人物的形象，可谓一举三得。〕

●版块五　总结写法，推荐阅读

1.写法提示：此时我们回过头来看这两篇文章，在内容和写法上，有什么共同点和不同之处？

预设：一篇是通过四件事有详有略地写，一篇是非常具体地描写了一件事。

2. 在不认识的青年眼里，他是一位越老越顽强的战士；在亲人心里，他为别人想得多，为自己想得少。那么在他的学生萧红的文章《回忆鲁迅先生》和他儿子的文章《父亲的写作》中，他又会带给我们怎样的触动呢？

● 版块六 总结全文，升华主题

1. 回想这节课，我们学到了三个品读人物形象的好方法。

2. 我们用这三个方法一起走近并了解了一位伟大的人物。

3. 同学们，当有一天谈到我们的近代文学，谈到我们的民族精神，你一定要谈及我们今天认识的这位优秀的中华儿女——鲁迅。

【板书设计】

走近鲁迅

17	少年闰土	活泼可爱　聪明能干　见多识广
18	我的伯父鲁迅先生	幽默风趣　乐观从容　关心他人
19	一面	关爱进步青年
20	有的人	

附：自主学习任务单

六年级上册第五组"走近鲁迅"单元整合学习任务单

第一课时 单元导读

一、正确、流利地朗读本组四篇课文。

二、读准下面的字词，给加粗的字注音。通过联系上下文或查字典、词典等方法理解第3题中词语的意思。

1. 五行（　　）　祭祀　畜（　　）生　致敬　遗体　挽联　逝世　枯

瘦　咳嗽　殷勤　殡仪馆

窘（　　）相　厚实　陡然　团聚　低微　寒意　记性　保存　苗头　轻视　艰苦　明晃晃（　　）

2.失声痛哭　北风怒号　牛毛细雨　大病新愈　饱经风霜

3.五行：＿＿＿＿＿＿＿＿＿＿　　值年：＿＿＿＿＿＿＿＿＿＿

吊唁：＿＿＿＿＿＿＿＿＿＿　　装殓：＿＿＿＿＿＿＿＿＿＿

张冠李戴：＿＿＿＿＿＿＿＿　　囫囵吞枣：＿＿＿＿＿＿＿＿

三、会写"扭身、胯下、厨房、套住、刺猬、窜了、挽联、详细、逝世、文章、咳嗽、囫囵吞枣、恍然大悟、饱经风霜"这些词语，写字要做到正确、规范。准备听写。

四、快速默读四篇课文，简要概括四篇课文的主要内容，完成下面表格。

课文	方法	主要内容
《少年闰土》	小标题串联法	本文通过"我"与闰土＿＿＿＿、＿＿＿＿、＿＿＿＿、＿＿＿＿的过程，塑造了一个＿＿＿＿、＿＿＿＿的农村少年形象，反映了"我"与他儿时短暂而又真挚的友谊以及对他的怀念之情。
《我的伯父鲁迅先生》	小标题串连法	本文通过回忆伯父生前＿＿＿＿、＿＿＿＿、＿＿＿＿、＿＿＿＿这四件事，说明鲁迅先生是一个＿＿＿＿、＿＿＿＿的人，表达了作者对鲁迅先生的怀念、热爱与敬仰之情。
《一面》	要素归纳法	这篇课文讲述了1932年的秋天，"我"在＿＿＿＿见到鲁迅先生一面的事，表达了鲁迅＿＿＿＿的高尚品格，抒发了"我"对鲁迅先生真挚而又深厚的爱戴之情。
《有的人》	抓关键句法	本文通过对比＿＿＿＿和＿＿＿＿这两种人，歌颂了鲁迅先生＿＿＿＿的可贵精神，号召人们做真正的有价值的人。

五、仔细品读文本，感受鲁迅的人物形象。

资料袋

《故乡》写作背景　小说写于1921年1月，后有作者编入他的小说集《呐喊》，它的故事情节和主要人物，大多取材于真正的现实生活。1919年12月初，鲁迅从北京回故乡绍兴接母亲，亲眼看到故乡的破旧不堪和农民生活的贫困，百感交集，思绪万千，一年后就以这次经历为素材，创作了小说《故乡》。小说着重刻画了一个受尽当时社会摧残剥削的劳苦农民闰土的形象。通过对闰土悲惨遭遇的描述，生动地反映了当时的社会面貌，深刻揭露了旧社会对农民从肉体到精神的重重残害，表达了作者改造旧社会、创造新生活的强烈愿望和坚定信念。

周晔（1926—1984），浙江绍兴人，是鲁迅的侄女，也就是周建人（鲁迅三弟）和王蕴华的大女儿。鲁迅逝世时，她才10岁。《我的伯父鲁迅先生》，是周晔回忆伯父的文章，写于鲁迅逝世九周年（1945年），自建国后一直选入小学语文课本。

阿累(1909—1987)，原名朱宗仁，又名朱凡榕、朱一苇、朱凡。当代哲学家、小说家、散文家。出生于1909年1月，江苏涟水县人。在南京金陵大学附中、上海立达学园、同文书院学习过，最后毕业于上海艺术大学。解放后，历任湖南革命大学副校长、省文教厅厅长、省委宣传部长、湖南大学校长等职。《一面》是作者1936年为纪念鲁迅逝世而作。

臧克家(1905—2004)，中国当代杰出的诗人、著名作家、编辑家，山东潍坊市诸城人。臧克家是诗人闻一多先生的高徒，被誉为"农民诗人"。他自幼受家庭影响，打下了良好的古典诗文基础。他创作的《难民》《老马》等诗篇，以凝练的语言描写了旧中国农民忍辱负重的悲苦生活；长诗《罪恶的黑手》揭露了帝国主义的罪恶和伪善的面目。这些诗是他早期诗歌的代表作，已成为我国现代诗史上的经典之作。1933年，他的第一部诗集《烙印》出版，得到闻一多、茅盾等前辈的好评；次年，诗集《罪恶的黑手》问世，从此蜚声诗坛。

听写区

_____

第四课时　"以文带文"

一、文章围绕"我"与闰土的交往，先写了（　　　），再写了（　　　），又写了（　　　），最后写了离别。

二、画出文中描写闰土的句子，分别说说闰土给你留下了怎样的印象，试着在文中做做批注。

_____

三、读课文，仔细想一想，作者是如何把闰土的形象刻画得栩栩如生的？

_____

四、读《故乡》小说片段之"中年闰土"。

1.对比少年闰土，中年闰土给你留下了怎样的印象？作者是怎样写出来的？

2.读读文章，思考是什么让闰土发生了如此大的改变。

五、阅读材料

《故乡》片段。（略）

第六课时　对比阅读

一、有感情地朗读《我的伯父鲁迅先生》，在作者周晔回忆的伯父鲁迅先生生前的四件事中，鲁迅先生给你留下了怎样的印象？结合课文中的相关语句谈谈自己的感受。（提示：抓住描写人物神态、语言、动作、外貌的句子和含义深刻的词句。至少写出一处，如果不止一处，请在课文相关语句旁作批注。）

1._____(小标题)

句子：_____

感受：_____

2._____

句子：_____

感受：_____

3._____

句子：_____

感受：_____

4._____

句子：_____

感受：_____

二、在《一面》中，鲁迅先生给你留下了什么样的印象？把你的感受写在课文相关语句的旁边。

三、资料袋。

当时，革命者根本没有言论自由，鲁迅先生写了许多文章，揭露旧社会的罪恶，抨击国民党反动派的黑暗统治，号召人民奋起抗争。这引起了反动派的极度恐慌，他们千方百计地查禁鲁迅的作品，而且对他本人进行了多次残酷的迫害和暗杀。为了顺利发表文章，他竟然用了120多个笔名。

四、推荐阅读。

周海婴《父亲的写作》

萧红《回忆鲁迅先生》

（梁勋堃　窦娇艳　赵红）

下 篇
任务单教学反思

——"和自己的心进行斗争是很艰难的，但这种胜利则标志着这是深思熟虑的人。"老师要勤于写下教学反思，以便总结经验，扬其长处；吸取教训，补其不足；加深理解，解其疑惑；厚积薄发，破其难点；提高实效，不误学生。

当我遇上"任务单"

梁勋堃

一、初遇"任务单"

从事语文教学近八年，初遇任务单教学是在2015年的9月。刚到齐鲁学校接触任务单时，内心有个声音无数次地问："什么是任务单教学？""为什么要借助任务单进行教学？""形式的转变能真正服务于课堂教学吗？"对于语文课堂教学来说，我似乎更习惯于老师讲学生听，如果把课堂放手给学生，我不知道课堂会不会失控，是不是能达到我想要的教学效果，教师的个人素养如何展示……所有的顾虑拧成一股绳，成为我实施任务单教学最大的阻力。

看到周围的同事都在进行任务单教学，我也想尝试一下，于是在执教《梅花魂》一课时，照猫画虎设计了一张"任务单"，课前发给学生预习使用，课堂教学时却又把它束之高阁，教学效果并不好，"任务单"成了"预习单"。沮丧之余恰逢任务单教学研究课展示，第一次见到老师们在课堂上使用任务单，课堂环节与任务单的内容一一对应，学生的自主性也发挥得淋漓尽致。我有点眼馋了，但是心里又产生了新的顾虑：课堂上，任务单像是一种程序化的模式，一步一步推动课堂进展，这样的课堂会不会抹杀语文的味道？

直到在一次教学活动中听了魏薇教授对任务单的诠释，我才重新认识了任务单教学。任务单教学，绝不是单纯教学形式的转变，而是教学观念的根本性变革，是以教师为主导的课堂模式的转变，是以学生为主体的课堂教学的崭新革命。学生借助任务单展开学习，这一过程锻炼了学生自主学习的能力，真正把教的过程转化为学的过程。同时这一过程也为下一步教师的教做好了铺垫，那就是课堂上教师要教什么，绝不是按照教参来设计的，而是根据学生的实际情况而定，任务单就成为了解学生学情的最好工具。教师根据任务单完成的情况，明确教学内容，明确哪些重点讲解、哪些难点突破，使得教学过程有的放矢。

任务单教学不是将教学模式化，而是在转变教学观念的情况下灵活地运用。我开始重新尝试任务单教学，我在课堂上大胆放手，把课堂还给学生。课堂上组织学生汇报交流，结果发现学生的交流汇报有时会"跑偏"，汇报的内容完全不在我掌控的范围之内，常常出现老师和学生尴尬对视的情况。原来，把课堂交给学生不等于老师撒手不管，而是要做到及时有效地指导学生开展汇报交流。于是我开始研究学生对一个问题可能掌握到什么程度、可能做出哪些回答，研究遇到意外的"跑偏"我该如何展现教师的教学机智，以纠正学生的问题。每一课在失败中总结一点教训，从成功中收获一点经验，就这样坚持了一学期，任务单教学的轮廓日渐清晰。

二、点滴收获与思考

在任务单实施的过程中，自己经历了一场蜕变，感受着教师从台前到幕后的变化，尝到了任务单教学带给我和学生的甜头。

（一）教师从实施者到设计者的转变

既然学生需要依托任务单进行初步学习，那么如何设计科学合理的任务单成为教师教学的首要任务。任务单的设计要在教师对教材精准定位的基础上进行设计，也可以参考课本的课后题。通过一个主要问题引领整篇文章的学习，整合碎片化的知识，使得课堂脉络清晰，教学有的放矢。在六年级探讨任务单下的单元整合时，我们用三课时完成传统教学中七个课时的教学容量，将一个单元的学习简化为两条主线，工具性的主线是人物描写方法的学习，人文性的主线是通过文学作品感受鲁迅高尚的品格，三个课时分工明确，目标落实到位，实现了听说读写的训练。在磨课的过程中被修改最多的当属任务单。任务单是学生自学的向导，任何一点偏差都达不到预期的教学效果，我们在每次试讲之后都对任务单进行了调整，字词训练是不是学生易错、易混的，问题的提出是否精准、到位，教师补充的材料是否有利于单元主题的升华。"工欲善其事，必先利其器"，任务单在整个教学中起到了"器"的作用，大大提高了教学效率。

（二）教师从主讲者到主持者的转变

课堂上教师常常扮演"主角"，学生在被动地接纳知识，然而面对教师的讲解，每个学生的吸收能力不尽相同。记得著名教育家蒙台梭利说过："我听过了，我就忘了；我看见了，我就记得了；我做过了，我就理解了。"让学生真正去理解，莫过于让学生亲自去探究和实践，于是任务单的出现就把宝贵的探究给了学生。第一课时学生根据任务单上的内容自主学习，第二课时进行小组内的交流。学生在互帮互助中进一步探究，根据自己的个性特点扮演起了不同的角色，擅长组织决策的学生，担任学习的组织者；擅长记录的学生，记录学习的过程和问题……最后进行学习成果的展示。在这个过程中，教师要负责组织和调控，尤其是要对学生回答问题的程度进行把控，教师要对学生的表现做记录并且适时地总结和提升。

那课堂角色的转变是把教师从课堂中解放出来了吗？其实不然，这反而给教师提出了更高的要求，包括对教材的深入解读，对学情的充分把握，对课堂学习的组织调控……把课堂让位给学生，学生是真正的受益者，教师的教服务于学生的学。目前我所执教的班级在两年的任务单教学中，学生的收获和成长是有目共睹的。学生是学习的主人，任务单提高了学生参与课堂的程度，学生的自主学习能力大大提高；在小组合作中，学生相互合作，共同进步；在汇报交流中，学生展现出来的自信、表达出的见解都是课堂意外的收获！

在任务单教学中，我看到了学生的成长，更见证了自己的成长。作为教师，我们不应固守传统而放弃创新，因为我们只做最适合学生的教育！

授人以鱼，不如授人以渔

—— 谈谈我对"任务单"的认识

昊　颖

维果斯基提出了"最近发展区"，教师在授课时需要让学生"跳一跳，摘个桃"，而在授课时教师有时会无意识地将桃子摆在明显的位置，乃至急于将桃子送到学生嘴边，甚至有的时候教师会为学生不肯将到嘴边的东西吃下去而生气。其实，学生需要跳一跳，更需要教师指导学生"怎么跳""跳到哪里"，任务单的应用恰好能帮助学生找到方法和途径。

一、"任务单"让预习有抓手

一般来说，学生的预习要求包括朗读课文、预习生字词和提出不懂的问题。但是具体怎样预习、会掌握到何种程度往往取决于学生的语文知识储备及学习能力，参差不齐的预习情况会影响课堂教学环节的进行。但是任务单的设计则让学生有章可循。以《狼牙山五壮士》任务单的前三项为例：

1. 正确、流利地朗读课文。

2. 读准下面的字词，给加点的字注音。通过联系上下文或查字典、词典的方法理解画线词语的意思。先自学，然后小组内互相检查下面的词语。

（1）日寇　葛振林　大吼一声　抡一个圈　崎岖　尸体　斩钉截铁　嗖的一声

（2）把胳膊抡（　　）一个圈　把脸绷（　　）得紧紧的

（3）斩钉截铁：　　　　　　全神贯注：

　　居高临下：　　　　　　气壮山河：

3. 会写"龙王庙、任务、葛振林、大吼一声、满腔怒火、崎岖、尸体、斩钉截铁、坠落、電子、仇恨、眺望"这些词语。自学好后，组长给组员听写，互查，修改。注意写字要正确、规范。

　　任务单的第一项对朗读到何种程度做了要求，即"正确、流利"，比单纯布置熟读课文，标准更加具体。第二项和第三项对生字词的要求明确，从读准字音到对重点词语的解释，再到对应会写的生字的掌握，为学生的预习指明了方向，尤其是针对语文学习水平较为薄弱的同学，任务单切实为他们搭建了一座学习的桥梁。

二、"任务单"为阅读理解提供思路

　　到了小学高年级，学生阅读能力的培养尤为重要。当面对一篇篇文本时，学生如何通过文字本身来探求背后的含义是需要锻炼和培养的。其实，教科书上的许多课文都能作为培养学生阅读能力的鲜活素材，而任务单则能为培养学生解读文本、理解文本提供思路，以《狼牙山五壮士》任务单第四项为例：

　　默读课文，思考：狼牙山五壮士给你留下了怎样的印象？你是从哪里体会到的？在文中画出相关语句并做出批注。

　　狼牙山五壮士给我留下的印象是：_____（请用词语概括）

　　我画出的语句是：_____

　　我画出的关键词是：_____（它的意思是：_____）

　　从中我体会出：_____

　　任务单的设计让无话可说的同学有话可说，让有话可说的同学说得更加条理。上述任务单中，要求学生用词语概括人物形象，然后在句子中把关键词找出来，特别重要的关键词还留了词语解释的位置，最后留出两三行谈谈体会。有人可能会质疑，这岂不是限制了学生的思路，实际却不然。学生通过任务单的引导，对文本的解读反而更加深入，渐渐改变了以往直奔"体会"、忽略文本的弊端。

三、"任务单"提高了"写"的地位

朱作仁教授曾说："现在语文教学存在着三少：读书少、思考少、写得少。尤其是写，几乎没有。学语文是培养听说读写能力的，但这四者不是平起平坐的，以读写为主。"任务单的应用可以为课堂上的读写结合提供一条途径。教师可以在任务单上设计小练笔的空格，利用课堂时间将读与写有机结合起来。以《人物描写一组——小嘎子和胖墩儿比赛摔跤》的任务单第四项为例：

小练笔。请仔细观看视频，捕捉人物的关键动作。仿照本课文人物描写的方法，利用所写动词在横线上写一段精彩的描写。

我想到的动词有：＿＿＿＿＿＿＿＿＿＿＿＿＿＿＿＿＿＿＿＿＿。

孙悟空取来金击子，出了道房，推开两扇门，抬头观看竟是一座花园！孙悟空＿＿＿＿＿＿＿＿＿＿＿＿＿＿＿＿＿＿＿＿＿＿＿＿＿＿。

该项设计贴近课堂教学重难点，师生学习课文后可以利用任务单及时进行与之有关的写作练习，提高了课堂效率，同时让"一课一得"在"写"这一点上进一步巩固。除此之外，教师利用任务单可以对学生的写作进行有效的引导，如上述呈现的任务单第四项中教师设计了"我想到的动词有"这一版块，让学生在写作前可以借助任务单上的提示进一步明确写作思路和方法。教师小练笔的主题可以与本课相联系，也可以是由课堂教学迁移出来的内容。总之，要利用任务单让学生充分发挥自己的习作潜能，让"写"在课堂中占有一席之地。

曾经，我们为学生预习不充分而苦恼，为汇报时思路混乱而着急，为"无话可说"的习作而心忧。现在，设计一份任务单就可以帮助我们和学生一起逐渐解决这些问题。"授人以鱼，不如授人以渔"，无论是苏格拉底的产婆术还是如今的任务单，都围绕一个主题，那就是引导学生，给学生自学的空间。我相信，当教师给同学们更多自学空间时，他们会有更好的表现让我们惊艳！

"任务单"，让师生上课有备而来

——以人教版六年级下册《卖火柴的小女孩》课堂教学为例

于海棠

2017年3月2日，我跟随集团教学科研部到山东师范大学长清实验学校送课，执教了《卖火柴的小女孩》一课。课后，老师们对这节课评价最多的是："于老师的这节课上得真实、有效。"我想，这节课之所以会让老师、同学们感到"真实、有效"，原因之一是学生根据任务单进行课前自学，有备而来；而我，真切地把握了学情，做到了依学定教。

一、备课，心中有学生

课堂是学生的，空间是学生的，是他们在学"语"习"文"。学生是红花，教师是绿叶，所以，教师在课前、课上所做的一切，都是在为学生学好语文服务。

"学生对该文本的了解情况"是我心中无形的任务单。当我解读完教材、写教学设计的时候，我时时在想，对于这篇课文，学生了解多少；哪些内容不需要讲解，学生一读就明白，只需检查落实即可；哪些内容略有难度，只要同学之间一讨论就能解决；哪些内容是新接触的，需要我进行讲解，我该如何化繁为简、生动有趣地进行讲解；哪些内容是需要练习巩固或积累的，我该怎样进行设计才能化难为易。所有的思考，都围绕着如何教，学生才能最大化地受益。比如《卖火柴的小女孩》这一课，就文本内容而言，学生不用再读都知道个大概，如果再根据预习读几遍课文，基本就没有问题，所以"把握文章主要内容"这一学习目标就不算作重点了。"体会小女孩悲惨的命运"这一学习目标，六年级的学生有能力通过自己的阅读、与同学的交流补充感悟得到，所以，这个目标也不算难点。但是，"虚实结合"这种写法，学生是第一次接触，什么是"实写"、什么是"虚写"、这样写的好处是什么、作者写虚幻的美好是想要表达什么、抒发了怎样的情感，等等，这是难点，学生之间交流讨论也解决不了，所以此处是老师要讲解的地方。心中怀着这份无形的"任务单"进行备课，便会有的放矢，分清主次。

二、课上完成任务单，把握真学情

有了以上的想法，设计任务单就有了方向。"字词学习，把握课文主要内容，感知小女孩的命运"这几项任务，学生以自学为主，给他们一节课的时间完成任务单，对文本进行充分的了解。在这个过程中，老师游走于学生中间，发现学生预习中遇到的问题，对有困难的学生进行帮助。

比如，预习课上，学生在抄写词语时，我发现有相当一部分学生将"兜"的笔顺写错了；将"诞"的右半部分写成"廷"，而且笔顺也是错的。如果不是在课上预习，这个笔顺的问题我是不会发现的。所以，在第二课时，上课一开始，我就请学生到黑板前听写这两个字，让同学们特别关注这两个同学的笔顺是否正确。结果两个同学都错了，此时，老师的范写就起到了极大的作用。在评课时，有的老师说："没想到，于老师在公开课上还敢让学生爬黑板听写，还当场指导生字的笔顺。这下子所有的同学都记住了。"我说："老师到底教什么？就是要教学生不会的东西嘛！"再如，在预习的过程中，小组在朗读检查时，我听到有的同学把第九段的"喷（pèn）香"读成了"喷（pēn）香"，而任务单上面的"给喷香的喷注音"也是错的，很少有学生查字典确认该字的读音，所以在接下来的检查朗读情况时，我就抽读了第九段，关注了这个字的读音。语文课要真实、朴实、扎实，要在真正了解学情的基础上施教。

任务单是学生预习的一个抓手，而在课上完成任务单，老师能更好地了解学情，从而及时对第二课时的教学设计做出相应的调整。

三、任务单，让学生上课有备而来

当学生自学完任务单，再次走进课堂时，他们已经是有备而来，不再像以往那样跟着老师的问题亦步亦趋了。此刻，他们的内心既有展示自我的期待，也有对解惑答疑的渴望。老师就要设计一个又一个"平台"，调动学生的积极性，组织学生参与学习活动，或展示学习成果，或交流讨论疑难问题，八仙过海，各显神通，让思想在生长，让能力在增强。当学生的"备"不能解决疑惑时，老师就要发挥答疑解惑的作用了，学生会有一种"柳暗花明又一村"的豁然。

老师有备而来，是为了答疑解惑；学生有备而来，是为了展示与求索。任务单架起了师生共进的桥梁，让语文课变得真实、有效。

透过"任务单"看"学什么"

——基于学习目标的任务单设计

金国君

随着课程改革的不断深入，我们发现，有效的课堂首先应该尊重学生的主体性，更多地关注学生的学习实践。因此，在备课时，我基于教师教的"教学目标"转变成了关注学生学的"学习目标"，更加明确了"教"是为学生的"学"服务的。学习目标说到底是学生的学习目标，我们应把课堂从"讲堂"变为"学堂"。

以"任务单"为抓手的语文课堂教学，正是以学生为主体的课堂教学模式，它通过学生自身的自主学习、合作交流探究来引导学生积极参与学习过程，让每一位学生都成为学习的主人。"任务单"，就是教师依据学情分析，为达成学习目标而设计的课堂学习活动的载体。它具有导向性、支架性、合作性，有着明确的学习要求、学习内容、学习方式等，对学生的学习具有一定的指导作用，可以激发学生学习的主动性与参与性，影响着课堂上的师生活动，使学生在达成学习目标的过程中提高学习兴趣，掌握学习方法，提升学习能力，从而实现变"讲堂"为"学堂"的转型。

一、任务单的设计以学习目标为基础

（一）教材分析和学情分析是设计任务单的前提与基础

对教材的分析就是要研读文本，分析文本在教材中所处的位置及特点、重难点，分析文本应落实的课程标准的具体要求。教师只有对本课时在单元中的位置有所了解，对与本课时有关的背景材料有所把握，才能立体化地看待教材，进而确定应该如何设置学习任务单，如何搭建学习支架。

对学生情况的分析，则要了解学生学习的基础、需要及发展可能，包括五点：一是学生已经具备的与本课内容相关的知识经验和能力水平等，即学生的"已知"；二是学生应该达到却没有掌握或没接触过的知识，即"未知"；三是学生通过一定的引导能够达到的程度，即"能知"；四是除学习目标规定的要求外，学生还希望知道哪些目标以外的东西，即"想知"；五是学生达成学习目标的途径，它体现学生的学习方法、学习习惯等，即"怎么知"。依据对学生学习情况的分析，可以确定不同学生的学习需求，针对不同层次的学生设置任务单上的问题，提供攀登的学习支架。

比如，《七律·长征》的学习任务单中有这样一条：

默读课文，画出相关词句，说一说：红军战士在长征途中遇到过哪些艰难险阻？在毛泽东的诗句里是怎样描写这些艰难险阻的？你从诗句中感悟到毛泽东及红军战士怎样的革命精神？

考虑到学生的"知"的情况，他们可能会有一定的学习困难，于是在任务单中加入了学习方法的提示，以帮助他们学习：

学习方法提示：遇到不理解的词语可以借助注释、通过推想或查词典解决。建议搜集"红军过五岭""乌蒙山回旋战""巧渡金沙江""飞夺泸定桥""红军爬雪山过草地"等资料，交流时可结合搜集的资料来谈。

再如，在设计语文三年级下册《一个小村庄的故事》的任务单时，一开始有这样一条：

根据下面的提示，说一说课文讲了一个怎样的故事。

山谷中，早先（　　　　）；后来人们（　　　　），山上的树木（　　　　），裸露的土地（　　　　）；最后，小村庄（　　　　）。

学生都能根据提示，用自己的话概括出课文的主要内容。但是，对一些理解能力较强的同学来说，这样的问题设置太过简单，并不能满足他们的思维需求，如果能再加上这样一条："在文中找到相对应的自然段"，就可以训练学生的思维，增加问题的层次性，为各层次的学生都提供足够的驱动力，促进他们自主学习。

以上所提到的任务单中的内容，都是基于学情来制定的。

（二）在进行了学情分析后，制定合适的学习目标同样是设计任务单的基础

我们制定的学习目标要做到合情、具体、分层。合情，即从学生的实际出发确定学习目标，要切实可行；具体，指学习目标应该言简意赅，可以在课堂上很容易被检测到；分层，则是根据教学内容和学生个体的差异，注意设计不同层次学生的学习任务，让各层次学生在自主学习中各有所得。

任务单中，每个学习任务都是与学习目标相匹配的，并有相应的解读。教师用学习任务从不同角度为学习目标的实现创造可能，学生带着明确的学习任务进入学习过程，通过分散在不同任务里的目标的逐一实现，来完成知识的建构与经验的积累。

例如，在执教《一个小村庄的故事》一课时，我制定了以下两个课时的学习目标：

第一课时学习目标：

1. 认识9个生字，准确认读"造犁、裸露、扩大、咆哮、一栋栋房子、郁郁葱葱、清澈见底、湛蓝深远"等词语，联系上下文理解"咆哮"的意思。

2. 会写13个生字，准确、规范地书写"森林、郁郁葱葱、湛蓝、盖房、造犁、砍树、裸露、扩大、一栋栋、柴烟、喘气、黎明"等词语。

3. 正确、流利地朗读课文，了解课文的主要内容。

4. 学习课文第一自然段，为学习、理解课文内容做好铺垫。

第二课时学习目标：

1. 品读感悟，自主探究，通过抓住关键词句，体会小村庄变迁的过程和原因。

2. 联系上下文和生活实际，理解含义深刻的句子，并体会其表达效果。

3. 通过与略读课文《路旁的橡树》的比较，体会小村庄的人与筑路人不同的做法导致的不同后果，更深入地领会爱护家园、保护环境、爱护树木、维护生态平衡的道理，增强自觉保护环境的意识。

学习目标已确定，我设计了本课任务单，前四条学习任务与第一课时的学习目标相对应，后两条学习任务则围绕第二课时的学习目标展开。任务单内容如下：

1. 正确、流利地朗读课文。

2. 准确认读本课生字词，注意加点字的读音。

造犁　裸露　扩大　咆哮　一栋栋房子

郁郁葱葱　清澈见底　湛蓝深远

3. 自学本课生字，注意易错的笔画、笔顺，写字要做到正确、规范。

4. 根据下面的提示，说一说课文讲了一个怎样的故事。

山谷中，早先（　　　）；后来人们（　　　），山上的树木（　　　），裸露的土地（　　　）；最后，小村庄（　　　）。

5. 美丽的小村庄发生了什么变化？组内学习，准备汇报。

（1）读一读课文的二、三、四自然段，找出描写小村庄变化的相关语句，用"～～"画出来。

（2）读一读所画的句子，说一说自己的体会。

（3）想一想：为什么会发生这么大的变化？

6.（1）读一读第8课《路旁的橡树》，找一找：人们为了橡树是怎么做的？结果怎样？用"～～"在文中画出来。

（2）组内讨论：课文最后一句话"筑这条路的人一定有一颗高尚的心"，和小村庄的人比较，筑这条路的人的高尚表现在哪里？

由此，完成任务单的过程，也就是达成学习目标的过程。

（三）任务单是为学生的学服务的，因此必定要面向全体学生

面对学习任务，每一位学生都要有事可做，有探索的兴趣与欲望。为激发、保持学生的学习热情，要注意任务设置的技巧；为让不同层次的学生都有所进步，任务设置要有梯度，注意差异性，要考虑设计帮助的支架，并且留有延伸的空间；为发挥学生的主动性，任务设置要让学生有选择的权利；为适合不同学习能力倾向的学生，学习任务要形式多样，有听说读写的任务、动手操作的任务、交流讨论的任务等等。例如《乡下人家》《麦哨》学习任务单的设计，考虑到了不同层次的学生，设置了多种形式的任务，学生以此为支架进行学习，课堂达成的学习效果十分明显。

《乡下人家》《麦哨》学习任务单：

1. 正确、流利地朗读课文。

2. 准确认读下列词语，给加点字注音。

屋檐　装饰　捣衣　和谐　湖畔　肚兜　麦穗　直沁肺腑

裹着　嚼嚼　撩起　鸡冠（　　）花　剥（　　）开

当花儿落了的时候，藤上便结（　　）出了青的、红的瓜。

黑白相间（　　）的蚕豆花谢了，长出了小指头似（　　）的豆荚。

3. 正确、规范地书写下列词语，注意加点字的笔画、笔顺；准备听写。

棚架　装饰　瞧见　率领　觅食　笋着　捣衣

搬到　归巢　和谐　催眠　辛苦　鸡冠花　大丽菊

4. 乡下人家给你留下了怎样的印象呢？请你从课文中找到一句话来概括，用"～～"画出来。

5. 组内学习一至六自然段，准备汇报。

（1）作者描写了乡下人家的哪些生活场景？用小标题的形式概括出来：

①屋前搭瓜架　②＿＿＿＿＿＿　③＿＿＿＿＿＿　④＿＿＿＿＿＿

⑤＿＿＿＿＿＿　⑥＿＿＿＿＿＿　⑦＿＿＿＿＿＿

（2）你对哪一处生活场景最感兴趣？读一读，画一画你喜欢的句子，并说说你的感受。

6. 读一读第24课《麦哨》，想一想，作者描写了哪些场景？找出你最喜欢的句子，并说说感受。

在一个陌生的环境中找目的地，指路牌往往是重要依据。任务单就像一个指路牌，掌握什么学习内容，开展什么学习活动，以及达到什么样的学习目标，如果学生预先有机会知道，那么就好比手里有一张线路图，能引导学生及时跟进并准确领会课堂需求，促进学习目标的有效落实，起到事半功倍的作用。在课堂中使用学习任务单，可以充分体现学生的自主学习与教学的任务驱动，使学习的效率大幅度地提高，收到可喜的课堂效果。

二、任务单的使用有助于学习目标的达成

学习任务单的完成者是学生，一旦学生成为了任务实施的主体，他们自然会对任务的目的、任务的完成方式作出进一步的探究和思考。每个学生都与课堂建立起了某种关联，课堂学习就成为学生主动参与的过程，那课堂学习目标的达成也就水到渠成了。

1. 以学来定教

在学生完成任务单的过程中，必定会留下思考的痕迹，这就为教师的帮助式教学提供了依据。所以，教师既要充分预设，对帮助学生完成学习任务有充分的预案，以便进行有针对性的帮助；又要观察了解，及时掌握学生在学习过程中出现的问题、错误或者独到的见解，以便在接下来的教学中作为教学资源加以利用，做好引领、点拨、评价，使教师的"教"更贴近学生的"学"。

2. 自主与合作

任务单教学，要把课堂的时间更多地还给学生，自主与合作是任务单使用的重要方法，也是学生学习的主要方式。自主学习任务是合作交流的前提，小组合作交流是自主学习的补充与深入。任务单完成的步骤如下：明确任务→独立学习→小组合作→全班交流→反馈评价。这一过程中"独立学习"与"小组合作"环节最为关键，也最能体现出学生在完成学习任务中的学习能力及学习目标的达成情况。

3. 针对性的指导

任务单教学中，教师能更有针对性地指导学生的学习。这种指导有时是随机的，在学生的学习过程中，教师发现问题要及时帮助，但更多的是有预设的。因为在进行学情分析的时候，已经确定了课堂上需要重点关注的问题、需要关注的学生，以及帮助的内容和时机。在完成任务单的过程中，教师进行这样有目标的针对性指导，能满足不同学生的需求，也更有实效。我们都知道，学困生往往就是因为完不成一节一节课的学习任务而累积产生的，如果课堂上每一位学生都能得到及时而有效的帮助和指导，我们就真正做到了"为了每一位学生的学而教"。

　　总之，任务单在教学过程中起着至关重要的作用，在课堂教学伊始，任务单具有十分强烈的激励作用，它激发学生的学习动机，同时给师生的课堂活动提出学习期待；在课堂教学过程中，任务单成了教学进程的"航标灯"，始终引领着师生的课堂活动；课堂教学结束时，任务单又成了师生进行反思的重要标准之一，其目标的"达成度"成为了课堂评价的重要依据。任务单教学其实就是在强化目标教学意识和学生主体意识。从制定任务单开始，教师就要成为明白人，要明确课堂学习目标，考虑学生学习中的需求，给予学生一定的指导和帮助，让学生因"单"而"动"，让课堂因"动"而"活"。

批注式阅读，为任务单教学助力

姜　琦

学习任务单是以学定教的重要辅助，为实现自主、高效学习提供了强有力的抓手。批注式阅读是自主学习任务单的方式之一，有利于学生走进文本、展开想象、形成观点、提升认识。正所谓"不动笔墨不读书"，学生需要在读中思、在思中写。对于批注式阅读这一策略的指导，本人经历了由中年级方法初探到高年级扎实推进的过程。

一、中年级逐步归纳批注方法

任务单是推动以学定教的重要扶手，学生可以借助批注，走进文本，体会文字背后的意味。我在学生三年级时开始引导他们进行批注式阅读，经历了一个循序渐进的过程。初期，有部分学生不知道该如何批注，只停留在标画好词佳句的层面，但也有学生对课文的领悟能力较强，于是我整理学生借助任务单完成的学习情况，进而归纳出批注方法，并积累典型例句，在语文课上进行示范，使学生在批注时有章可循。

以人教版语文教科书四年级下册第七组课文中的《鱼游到了纸上》一文为例，学习任务单的第五题要求：朗读课文，画出有关青年看鱼、画鱼的句子，并在课文中做好批注，体会青年"爱鱼到了忘我的境界"。学生在做批注时关注到了课文第七自然段的第一句话：我挤过去一看，原来是那位青年在静静地画画。学生认为"挤"这个动词用得好，并联系第八自然段的"围观的人越来越多，大家赞叹着，议论着"认识到，文章写出了当时围观的人很多，也从侧面体现出青年画的鱼栩栩如生，令人称赞。我为这个批注归纳的方法是：抓住关键动词并联系上下文进行理解。另外的一个学生关注到了本文的第十二自然段中的一句话：他告诉我，他学画才一年多，为了画好金鱼，每个星期天都到玉泉来，一看就是一整天，常常忘了吃饭，忘了回家。这句话中"一年多""每个星期天""一整天"这几个表示时间的词语给他留下了深刻印象，他批注道："不论是寒风刺骨的冬天还是烈日炎炎的酷暑，青年每个星期天都来看鱼、画鱼，他这种刻苦、坚持不懈的品质值得我们学习。"我进而归纳出"发挥想象，进行补白"的批注方法。对于学生的精彩批注，我都做了方法总结，例如抓住关键词语，先理解词义，再结合语言环境进行理解；体会常用的修辞手法在具体语言环境中的表达效果，等等。

当然，不被看好的批注思路依然值得总结归纳，给学生以提醒。同样是《鱼游到了纸上》中第十二自然段中"一年多""每个星期天""一整天"这几个表示时间的词语，有的学生做批注时做出否定假设，批注道："如果他不爱鱼的话，就不会每天都来。"像这样只是简单地转化为双重否定的表述作为批注并不够深入，我把这种不太提倡的思路也归纳出来，给学生以提醒。这样一来，对于初期并不会做批注的学生，既有可以迁移使用的普遍性方法，也有了具体的例句，学生在模仿中不断练习做批注。当学生能读出文字背后的东西时，也就意味着自主阅读能力的提升，会读正是乐读的开始。

二、高年级扎实推进课内批注式阅读

《语文课程标准》强调高年级学生应当学会对文学作品的鉴赏，"鉴赏"就是对内容的深入挖掘，对文章语言奥妙的探索。所以我在高年级扎实推进批注式阅读，重点训练学生的质疑式批注及感想式批注。

学生借助任务单进行自学时，我引导学生提出自己的问题，然后让学生以批注的形式写下来；敢于质疑、能够提出问题才能让学生深入文本去解读，让学生真正和文本进行对话，提高学生自主学习的能力。例如在学习人教版语文教科书五年级上册第六组的《"精彩极了"和"糟糕透了"》这篇课文时，有的学生就对题目产生了浓厚的兴趣，同时也提出自己的疑问：为什么这里加引号？在这里引号起到了什么作用？是引用别人说的话还是有特殊的含义？……学生的疑问，正是我们教学过程中需要解决的问题。这样的质疑式批注提高了学生学习课文的起点，学生通过自主阅读有所收获，对文本的印象也就更加深刻。

另外，我还鼓励学生联系文本背景以及生活实际进行感想式的批注，这样可以帮助学生对文本的内容进行深入理解，掌握文本的主题思想，同时还可以提高学生善于感悟的良好阅读习惯。以人教版语文教科书五年级上册第八组的《开国大典》一文为例，学习任务单的第一题要求：默读课文《开国大典》，用横线画出文中描写毛主席动作的句子，用波浪线画出群众反应的语句，说说你从中感受到了什么，做出批注。学生在自主学习的时候，对句子"五星红旗升起来了，表明中国人民从此站起来了"颇有感受，就在文字旁边这样批注道："从这一个'站'能体会到新中国的成立意义非凡。经过抗争，我们中国人终于摆脱了身上的三座大山，不用再受压迫，不用再受欺凌，成为国家的主人了。参与开国大典的人民无比的自豪！而如今我们的幸福生活也是来之不易的。"由此可见，感想式批注为学生提供了个性化解读的平台，使学生的情感得到熏陶。

通过一段时间的训练，学生们已经学会抓住重点词句并用规范的语言表达自己的感受与体会，每个层次的学生走进本文阅读，在完成批注的过程中得到了不同程度的发展。更重要的是，课堂上一次次小组交流、汇报学习成果时，越来越多的学生能自信地表达出自己的观点，学会了欣赏、评价。小组内交流的时候，看着学生们头头是道地分享观点、表达心声，那真是一幅美好的画面。

三、批注式阅读的课外迁移

对于课内的文章，学生在完成任务单时已经学会了批注式阅读，那如果没有老师的引导与监督，学生能做到"不动笔墨不读书"吗？带着这个疑惑，在一节阅读课上我做了一个调查，结果竟是全班没有一人会在课外阅读的时候做批注。我进一步和学生交谈发现，学生的课外阅读效果参差不齐：大部分学生只顾着看文章内容了，看完后，知道文章写的是什么，其他就不知道了；少数学生能清楚地讲述文章内容或说出文章精彩部分；只有两三名学生对读过的文章内容印象深刻，并能对文中的人物特点、事物特征等进行简单的评析。可见学生虽然掌握了不少批注的方法，并且知道这个方法有益处，但还没有形成主动运用的习惯。

为了使批注式阅读实现由课内到课外的有效迁移，我开始对学生课外的批注式阅读进行跟进与监督。其中青少年版的《三国演义》是我校五年级上学期的必读书目，学生基本都在暑假通读过一遍了，我就在班里组织了"再读《三国演义》"的活动。再读经典需要采用批注式阅读，一是要求在书上留下自己思考的痕迹，另一个要求是在积累本上摘抄句子并作批注。这次再读，学生不再仅仅停留在故事情节上，而是更多地走近三国人物，诸葛亮的智慧、关羽的忠肝义胆都在学生们的品评中得到体现。然后，我利用阅读课为学生提供分享的平台，开设"我眼中的三国人物"主题阅读课，以人物为专题，学生到台前分享自己心目中的三国人物。经过这样再读经典的活动，越来越多的学生能够在课外读完文章后写下自己的所感所思，并主动积累语言。

关于阅读，教育家叶圣陶先生说："文字是一道桥梁，这边的桥头站着读者，那边的桥头站着作者。""批注式阅读"不仅架起了思维和文本的桥梁，还能避免教师的分析代替学生的阅读实践这一弊端，贴近学生的阅读习惯，帮助学生深入解读文本，大胆地表达个人的感受，突出学生的主体地位。我理想中的语文课堂是学生主动与教师对话，学生们或声情并茂，或义愤填膺，或引经据典……师生能共同分享语言文字带给自己的感动与思考，实现共鸣。我深知理想的实现需要坚持与创新，我会继续坚持任务单教学，让学生借助批注式阅读来充分地同文字对话，借助与伙伴的切磋来提升自身的阅读能力，从而提升语文能力。

使用任务单，教师作用要发挥在"刀刃"上

周雪娇

课程标准明确提出：学生是学习的主体。语文课程必须根据学生身心发展和语文学习的特点，爱护学生的好奇心、求知欲，鼓励自主阅读、自由表达，充分激发他们的问题意识和进取精神，关注个体差异和不同的学习需求，积极倡导自主、合作、探究的学习方式。"任务单"无疑为这种自主高效学习方式的形成提供了一个强有力的抓手，它就好比一个指路牌，从"学什么""怎么学""学到什么程度"等方面提供学习的要求和指导，是教师指导学生学习的工具和学生进行自主学习的阶梯。在"任务单"自主学习方式中，教师依据课程目标并结合教学内容，精心设计贴近学生实际的学习任务，通过一定的评价机制吸引和组织学生积极参与；学生通过搜集资料、自主思考、合作探究、小组汇报等方式完成学习任务。本学期，我运用"任务单"展开教学，有效增强了学生的学习兴趣和学习能力，提高了课堂学习效率。

"任务单"自主学习方式以学生的讨论、汇报、补充为主，课堂上，学生以小组为单位争相上台汇报，台下同学认真倾听，加以补充。学生真正成为学习的主体、课堂的主人，那教师的作用究竟要体现在哪里？"刀刃"在何处？下面我将结合执教过的人教版五年级上册《七律·长征》一课谈谈自己的思考。

一、个人独立学习阶段，教师作用要发挥在对任务单的精心设计上

"任务单"自主学习方式的第一阶段是学生的个人独立学习阶段，此时，

教师需要制定出科学合理且可操作的任务单，为学生的自主学习提供前提。

1. 任务单的制定紧紧围绕学习目标，并促进其有效落实。其实，不管是传统的教学方式，还是"任务单"自主学习方式，制定切实有效的学习目标都是摆在首位的。为此我认真研读教材，结合学生的认知规律，制订了《七律·长征》一课的学习目标：（1）自主认读"礴、丸、岷"3个生字。通过自主识记、组内听写的方式会写"丸、崖、岷"3个字。（2）结合本诗了解"七律"这种诗歌体裁。正确、流利、有感情地朗读课文，背诵课文。（3）通过推想或查词典理解"逶迤、磅礴"等词语的意思，体会诗歌用词的生动准确；体会比喻、夸张的表达手法及其表情达意的作用。（4）借助资料理解诗意，体会长征的艰难，感受毛泽东及中国工农红军大无畏的革命精神和英勇豪迈的气概。其中，学习的重难点是：通过对诗句的理解，感受毛泽东与红军战士战胜艰难险阻的大无畏精神和英勇豪迈的气概，领略毛泽东作为诗人的豪情和作为一代伟人的博大胸怀、高昂气质；抓住关键词语，借助背景资料，重点理解二、三句诗的意思并体会其蕴含的思想感情。学习目标的制定是设计任务单的前提条件，只有把学习目标确定好，任务单的设计才不会跑偏。结合本课学习目标，我制定了如下任务单：

解读诗题 了解长征	1. "七律"是一种诗歌体裁，你对它有哪些了解？请结合《长征》这首诗来说一说。 2. 结合课后"资料袋"以及你查阅的有关长征的资料，简明扼要地介绍对"长征"的了解和认识。
认读字词 朗读课文	读准"逶迤、磅礴、泥丸、云崖、岷山"5个词语，会写"丸、崖、岷"3个字，组内互相听写；正确、流利地朗读课文。
理解内容 领悟表达	默读课文，画出相关词句，说一说，红军战士在长征途中遇到过哪些艰难险阻？在毛泽东的诗句里是怎样描写这些艰难险阻的？你从诗句中感悟到毛泽东及红军战士怎样的革命精神？
	学习方法提示：遇到不理解的词语可以借助注释、通过推想或查词典解决。建议搜集"红军过五岭""乌蒙山回旋战""巧渡金沙江""飞夺泸定桥""红军爬雪山过草地"等资料，交流时可结合搜集的资料来谈。
感情诵读	进一步有感情地朗读这首诗。背诵这首诗。
课后拓展	读一读毛泽东的其他诗词，如《卜算子·咏梅》《沁园春·雪》《沁园春·长沙》等，或读一读有关长征的其他故事，如《七根火柴》《金色的鱼钩》等。

对比不难发现，任务与目标之间并非一一对应的关系，有时一项较复杂的任务可以同时体现几个目标，而一个较为复杂的目标可能要通过几个任务来实现。要记住的是，每一项任务都要有明确的要落实的目标，这样学生才能带着明确的任务目标积极主动地学习。

2. 任务单的设计要具体可操作，不要让学生无从下手。比如"理解内容，领悟表达"这条任务单中，包含三个问题：默读课文，画出相关词句，说一说，红军战士在长征途中遇到过哪些艰难险阻？在毛泽东的诗句里是怎样描写这些艰难险阻的？你从诗句中感悟到毛泽东及红军战士怎样的革命精神？解决这三个问题需要借助丰富的背景资料，可是关于长征的资料那么多，让学生搜集哪些呢？任务单中一定要提清楚。于是我加上一条学习方法提示：遇到不理解的词语可以借助注释、通过推想或查词典解决。建议搜集"红军过五岭""乌蒙山回旋战""巧渡金沙江""飞夺泸定桥""红军爬雪山过草地"等资料，交流时可结合搜集的资料来谈。这样，学生就明白具体该搜集哪些资料，学习时就有了明确的方向。

二、小组交流讨论阶段，教师作用要发挥在对学生汇报能力的培养上

课堂上，学生上台汇报的所有学习收获都是他们自主合作探究得来的，每个人承担着不同的汇报任务，台上台下可以随时互动补充、评价，即使平时学习比较薄弱的同学也有机会上台展示，可以说，这种学习方式会使学习能力强的同学变得更强，学习能力弱的同学也会越来越有自信。在《七律·长征》这堂课上，我们为学生的精彩发言感到吃惊，这确实是学生的真实表现，只是这种汇报能力是需要教师下大力气培养的。

那怎样培养学生的汇报能力呢？我们可以分阶段训练：

第一阶段重点训练每个小组组长的组织能力，包括召集组员按照学习提示共同学习、交流的能力；组织组员依次交流的能力；调动组员积极参与的能力；总结小组讨论结果并进行汇报的能力；对组员的参与进行评价的能力。

第二阶段重点训练组员的交流能力，包括倾听的能力和发言的能力。学会

倾听，当组内有同学发言时，其他同学要仔细听；轮到自己发言时，可以在前面同学的基础上发言，也可以发表不同意见。

第三阶段重点训练小组之间的补充及提问能力。这一阶段可训练小组成员走上讲台汇报学习成果，其他小组认真倾听，结合台上小组的发言进行提问、补充，台上同学若能回答则继续回答，不能回答可求助其他小组。

第四阶段重点训练学生针对小组合作学习进行自主评价的能力，包括组内评价和组间评价两种评价形式，前者由组内自主评价，后者由全体小组共同评价。此外，还可以定期召开经验交流会和问题反映会，听取学生的建议，及时调整方向，扎扎实实培养学生的自主学习能力。

学生的汇报能力直接关系着课堂流程及节奏的把握，学生的汇报能力实际上就是学生语文能力的体现，而培养学生的语文能力正是我们教学的意义所在。只要我们敢放手，并给予耐心的指导，相信学生会还我们以惊喜。

三、课堂汇报质疑阶段，教师作用要发挥在对学习成果的总结提升、评价引导上

1. 总结提升。以本课任务单为例，了解七律、认读词语、书写生字、正确流利地朗读诗歌，这几条任务完全可以通过学生自学完成，课堂上，教师没有给予过多讲解。而学生对长征的介绍不够全面，于是我出示中央红军长征路线，进行总结提升："1934年，国民党军队向根据地发起进攻，由于党内一些领导人作出错误的判断，我军战败，红军被迫转移。10月，他们从江西瑞金出发，一路西行，过五岭，跨乌蒙，巧渡金沙江，飞夺泸定桥，走过人迹罕至的茫茫草地，跨越终年不化的大雪山，终于在1935年10月到达陕北。红军就是这样靠着自己的双脚，顶着敌人的枪炮走完了这二万五千里长征。当时的毛主席回顾走过的路程，心潮澎湃，挥笔写下《长征》一诗。"学生对长征这一历史事件有了更深的认识，同时也为课文的学习打好了感情基调，为下文的学习做好了铺垫。在品读诗句时，我预设了几个学生可能无法通过自学完成的问题，当堂提出让学生思考，如，学生汇报完首联的学习收获后，我引导学生对"只等闲"一词进行深入体会，并了解首联与后三联的关系；在汇报完颔联的学习

收获后，我引导学生对"逶迤、磅礴"进行深入理解，体会诗歌用词的准确生动；在汇报完颈联的学习收获后，我追问了一个问题：这里为我们介绍了两场战役：巧渡金沙江、飞夺泸定桥，同样是战役，为什么是一暖一寒呢？引导学生体会"暖、寒"的深层含义。在汇报完尾联的学习收获后，我又引导学生进一步体会"喜"字背后流露的革命乐观主义精神。可以说，每一个环节都有老师的点拨、提升与总结，而这正是对老师提出的更高的要求。因此，教师在备课时要有充分预设，教师要明白哪些内容是学生已经掌握的或能够通过自学掌握的，哪些是学生没有接触过的，哪些是学生学习起来比较困难的。只有对学生的已知、未知和难知领域有了细致的分析和准确的把握，才能及时对学生的汇报作出总结与提升。

2. 评价引导。有效的课堂活动需要评价手段的支持，及时的评价、反馈具有导向、激励的功能，能够更好地巩固学生的学习成果。课堂上，我仔细倾听学生的发言并作出积极评价："这个组的汇报最让我惊喜的是，他们能抓住'万水千山'一词感受长征的艰难，还能联系课后资料袋的内容加以补充，这是很好的学习方法！""没想到你们能发现这句诗的表达手法，品读到这一层真不简单！"相信学生在这种评价之中会慢慢领悟到学习的方法所在。

此外，教师还应在学生与学生中间架起"对话"的桥梁，进一步促进生生互动。当台上小组汇报完后，台下同学都能积极评价，并作出自己的补充，此时，教师可以进一步询问台上小组："你们同意他的补充吗？有不同意见吗？"这样，课堂上才能形成"多向对话"，甚至会产生一次辩论，这样的课堂才是生动的课堂。而我们教师就要做好这样的桥梁作用。

总之，教师是任务的设计者，是任务实施的组织者，在学生的学习活动中起着举足轻重的作用。"任务单"自主学习的研究，我们还在路上。培养学生的自主学习能力不是一蹴而就的，需要我们全身心地投入到探索和实践中去。只要我们清楚自己的一言一行，明明白白地教语文，我们的教学就不会失去方向。

在运用任务单中抓学情

杜建丽

"学情"这个词对于老师来说并不陌生，它是指来自学习者自身，影响学习效果的一切因素的总和，包括学生的知识经验、心理特点、思维方式、行为方式等。把握学情对教学具有十分重要的意义，老师只有准确地了解学情，才能使教学方向更正确、教学方法更灵活、教学效果更理想，才会使学生获得最大程度的发展。

如何才能更加准确地把握学情呢？老师们通常会根据自己的经验或者平时教学中对学生的了解来推测出学情，在实施任务单教学之前我也是如此，但在实施任务单教学之后，我在把握学情方面更加准确了。

一、在运用任务单中把握学生字词的掌握情况

在教学人教版语文四年级下册《生命 生命》时，关于字词部分的教学我指定了两个任务：

1. 认读下列词语，读准字音，给"弹"注音，并写出它的另一个读音，组词。

无限 骚扰 震撼 糟蹋 听诊器 动弹（   ）

2. 正确、美观地书写下列词语。

打扰 欲望 听诊器 震撼 糟蹋 无限 不屈向上 茁壮生长

课堂上，学生自学之后对认读字词，即任务1的掌握没有问题，所以课堂上

我只是抽查了几位后进生的认读，节省了课堂教学的时间。任务2采用了当堂听写的方式检查落实，听写后发现学生在"糟蹋"的"蹋"字上出错较集中，和"塌陷"的"塌"混淆了，于是我在课堂上马上分析这两个形近字的区别，立刻纠正错误。可见，用任务单教学，我们对学生识字、写字的掌握情况更加准确了，这样不仅可以改变以往逐个教学生字词的方式，节约课堂教学时间，而且让我们的字词教学更有针对性，当堂检查，直指学生出错的字词，让学生对字词的掌握更加扎实。

二、在运用任务单中把握学生读的水平

语文课程标准在中段的阅读中要求学生：初步学会默读，做到不出声，不指读。所以，在三年级的教学中，我们可以制定这样的任务：请你默读课文，想一想文章写了一个什么故事。或者：默读课文，想一想课文是围绕哪句话写的？对学生提出默读的要求，在学生自主学习的过程中就可以知道学生对这一目标的达成程度，并且对达不到要求的学生进行单独指导，从而让所有学生都能在尽可能短的时间里达成这一目标。

在执教人教版语文三年级上册《矛和盾的集合》时，我制定了这样一个任务：请你正确、流利、有感情地朗读课文，好好读一读第五自然段，读出坦克的"大显神威"。在学生自主学习的过程中我们就可以了解到学生的朗读情况，如果学生朗读得很好，可以个别展示和齐读；如果学生朗读得不尽如人意，就需要老师进行指导了，可以范读，也可以语言渲染氛围等。任务单教学，可以让我们对"读"的教学更有准备。

三、在运用任务单中了解学生的理解程度

在运用任务单中了解学生的理解程度，在古诗词教学中体现得非常明显。古诗词教学离不开理解意思，在制定任务单时可以有这样一个任务：请结合注释弄明白古诗的意思。课堂上选取小组进行汇报，其他同学进行质疑和补充，如果这样还有学生理解不到位的地方，老师再出手。当然，随着年级的升高、学生理解能力的提升，很可能出现学生通过自学就已经很准确地理解了诗意，这种情况下，老师就可以引导学生更深层次地赏析古诗词，或体会古诗词的意

境，或推敲古诗词中用得妙的字词，也可以留下更多的时间积累更多相同主题的古诗词。

四、在运用任务单中了解学生的表达水平

我们在教学中经常会学完一课后让学生运用所学的表达手法写一个片段，进行练笔。在任务单教学中我们可以把写的任务前置，在任务单上呈现这一要求，让学生提前写，老师在学生写的时候就可以了解学生写的情况，在课堂教学中再次拿出学生写的小练笔，按照要求，特别是所要运用的表达手法进行修改，这样可以强化学生对所学知识的掌握，还可以提高学生的习作水平。

总之，任务单教学可以帮助我们更精准地把握学情，了解学生每一项学习要求的具体掌握情况，从而使我们的教学更有针对性，达到更好的教学效果。

让学生在小组合作中焕发活力

——关于任务单教学中小组建设的几点思考

朱淑慧

随着任务单教学的逐步深入，我越来越觉得小组建设对任务单教学起着至关重要的作用。因此新学期我就将教学研究的重点放在了小组建设上，下面就针对小组的建设谈一谈自己的一些做法和体会。

一、合理组建学习小组

首先，在开学初，我对小组内的人员进行了精细合理的分工。根据和学生的约定，本学期的小组按照期末考试的等级进行了分组。我将全班分成了九个小组，每个小组的成员相对来说是势均力敌的，这就避免了以前出现的小组长对自己组的成员不满或者是组与组成员之间的不平衡而导致小组间差别很大的现象。座位也由之前的两人一桌改为四人一桌，两两相对，这样课堂上讨论问题的时候就较以前方便了很多。组长的任命由老师和学生共同来选择，让责任心和组织能力强的同学担任小组长。针对课堂上老师的指导，由小组长带领本组人员进行学习。根据每组的得分情况每两周对小组座位进行调整，得分高的小组优先选择座位，以此类推，第一次调座位是由我督促小组算分，现在是学生根据时间提前算好分数，在该调位的时候提醒我。每次调座时学生们都很兴奋，开学至今一共换了四次座位，没有选到好座位的小组都会暗暗努力。这种选座位的方式不仅深受学生们喜欢，而且也大大调动了学生合作学习的积极性。

二、恰当安排成员分工

　　小组合作学习为学生增加了不少参与的机会，但在日常的教学中，往往是一部分好学生参与的机会更多，而这些好学生常常以小老师的角色出现在小组中，他们对老师提出的问题能够积极回答，因此长此以往，就会出现这部分学生长期霸占讲坛的现象，而组内语言表达不太流利或者是学习能力相对较弱的学生就会因此得不到锻炼，渐渐在集体中落伍，成为小组合作中事不关己的人物。所以，为了最大程度地提高学生的参与率，我都会根据小组成员的情况，与他们一起交流，让他们先选一个适合自己的合作角色。如小组讨论的组织者、记分员、资料员、发言代表等，让组内成员在一个阶段里每人都有相对侧重的责任。经过一段时间的磨合与学习，小组内的成员可以经过讨论，进行角色互换，这样每个成员都能从不同的位置上得到体验和锻炼。这样就可以充分挖掘每个学生的长处，特别是给那些平时不愿意说话或是不敢说的同学提供展示、锻炼自己的机会，让每个人在学习过程中做到人人有事做，事事有人做，让每个学生都能参与到小组合作学习中来。

三、重视指导小组活动

　　在合作学习中，小组长的作用是十分重要的，要注重小组长的培养。为了实现有效管理，提高小组学习效率，我每周五的中午会给小组长开会，先让他们说一周以来遇到的困难或者是需要老师帮助的问题，然后逐个进行分析解决，之后再进行小组长经验的交流，分别说一说这个周自己小组在哪些方面有了进步，最后再教给小组长一些管理方法，促进其管理能力的不断提高。

　　每次小组活动之后，及时进行总结评价也很重要。一方面是对小组学习的情况进行总结，学生把小组讨论的结果进行汇报，观点可以是自己的也可以是小组的，先在小组内讨论，然后再在全班交流。允许学生互相质疑，让学生的思维在思考和探讨中得到充分发展。另一方面，对小组的活动情况进行评价，分阶段在小组内对每个同学的表现进行评价，主要从是否积极参与活动、与同学是否愉快合作、工作是否认真负责、是不是遵守纪律等方面进行。在组内同学之间的相互评价，让每个学生了解自己在小组活动中的表现。同时在组与组之间进行评比，看一看哪个小组的活动开展得最好，哪个小组的同学最积极主动、团结友好，对表现好的小组和个人经常及时给予鼓励或小小的奖励。通过不同形式的评价，达到培养学生团队精神的目的。

通过小组合作探讨，学生在学习的时候由被动变主动，组内成员相互合作，相互启发，学生在互补中共同提高。开展小组合作学习好处多多，但是，良好的小组合作学习方式的形成不是一朝一夕就能实现的，需要我们教师长期地指导，并不断学习、探讨和改进。在教学中，我们应该把小组合作学习落到实处，真正增强学生的合作意识，让学生在小组合作中焕发活力。

小组合作学习，绽放课堂之美

——关于培养小组自主学习能力的几点思考

吴 潇

学生是课堂教学的主体，自主学习是获取知识的重要途径。借助任务单教学，在一次次的准备和汇报中，学生收获着合作学习的充实和快乐，真正成为学习的主人，实现了从"要我学"到"我要学"的转变。培养学生的自主学习能力、锻炼提高学生的课堂汇报水平一直是我语文教学中的训练重点，在教学实践中我也积累了一些经验。

一、充分发挥榜样的示范引领作用

学生自主学习的成果主要通过课堂汇报的形式进行展示。一开始小组上台汇报的时候，多数学生的汇报水平是很有限的，不知道该汇报些什么内容，该如何去汇报，也就更谈不上汇报得精彩了。比如说对一篇课文所做的批注，学生最初只是读一读课文，画出文中的重点语句，说说自己从中感受到了什么，感受也往往比较简单、肤浅，有点"蜻蜓点水"的感觉，缺少更深层次的体会与思考。这个时候，班里一些学习能力较强的学生就充分发挥了榜样示范的作用，首先他们对学习任务的要求和文本内容的理解比较透彻，而且他们可以围绕某一问题充分谈出自己的观点与所受的启发，比如课文的写作特色、表达方法、对于课文所产生的疑问等等。其实上述学习内容对于小学高段的学生来说并不是很难，多数学生只是思路没有打开，而经过这些榜样同学的示范以及老师及时的肯定与点拨后，同学们对任务汇报的要求就更加明确了，在内容上也更加丰富饱满了。所以说在开始阶段，充分发挥榜样的示范引领作用非常重要。

二、充足的自主学习时间是保证

要想让学生在课堂上的汇报内容充分、表达精彩，前提是学生要有充足的准备。在"任务单"中，学习任务往往不止一条，同学们为了节省时间，经常会选择小组分工的形式，各自准备分配到的任务，上课时再一起汇报。但不久就发现了问题：每个学生完成自己的任务后，对其余的任务又解决得如何呢？小组四个人之间是不是做到了充分的融会贯通呢？经过细致的了解，学生的回答不出我所料，因为种种实际原因，小组四个人很少有机会能坐在一起交流汇总每个组员准备的内容，即便有，时间也很有限，交流的程度可想而知。针对这种情况，我对课堂安排进行了调整。以前一节课，绝大部分时间都用在了小组上台汇报上，所以课堂上留给他们交流讨论的时间只有几分钟而已。但现在除了要求同学们课下对每条学习任务都要进行认真准备外，课堂上我也会专门留出一部分时间让小组的成员们充分地交流、讨论各自准备的内容，因为每个任务大家都有准备，所以交流起来有话可说，大家互相取长补短，学习更加深入。这样一来，虽然每节课上台汇报的小组个数少了，但汇报的内容比以前充分、丰富多了，小组汇报的水平和质量也有了明显的提高。台下小组如果进行了有效的补充，也能给予加分，这就要求台下的同学在其他组汇报时既要认真听，又要积极地去思考。这样能确保每个学生对所有的学习任务都进行了准备。在布置"任务单"时，任务内容就可以整合一些，精减问题数量，留给学生充足的时间去准备、去交流讨论，从而保证学生课堂上的汇报质量。实践证明，经过充分的自主学习，学生是可以完成大部分的学习任务的，这是实实在在的"我要学"的成果。未能完成的疑难任务，因为之前有充分的自学，在老师讲解时学生接受起来也更顺畅、更容易，课堂教学变得省时、高效。

三、老师的引导尤为关键，鼓励与指导并驾齐驱

在教学实际中，鼓励对学生的激励效果要远远优于批评，其实这点不仅适用于语文教学，也适用于我们每天的教育工作。对于小学阶段的学生来说，他们自信心的树立很大程度上来源于外界对他们的肯定。学习任务放手交给学生，一开始的完成情况肯定是不尽如人意的，有些学生甚至会不适应，担心自己跟不上。所以在培养学生自主学习能力的过程中，随时帮助学生树立自信心是非常重要的。对同学们课前的准备和课堂上的表现，我都会仔细观察，用心倾听，去寻找他们的亮点和进步的地方，加以肯定并及时地在全班进行表扬。事实证明，这对于学生来说是一种非常好的激励，从他们脸上得到表扬后的笑容就可以感受到他们内心的自豪与欣喜，而且对完成接下来的学习任务他们会更有信心。当然，表扬和鼓励也不能泛滥，更要坚持实事求是和适度的原则，否则也会失去其应有的激励作用。所以在教学中，除非是学生完成态度不认真，一般我会根据他们的表现给予表扬，同时提出改进的方法与方向，以便他们在接下来的学习中改进完善，不断进步。

俗话说"授之以鱼，不如授之以渔"，与其告诉学生答案，不如让学生学会自己去分析、去解决问题，而这种能力的培养无论对他们将来的学习、工作，还是个人的发展都是大有裨益的。所以在教学实践中，我时刻牢记培养学生的自主学习能力是教学指向，在课堂中，无论是鼓励、指导，还是批评，都是基于学生的实际，以提高他们的学习能力为目标。人们常把教师比作"花园里的园丁"，殊不知无论"园丁"多么周到细致地浇水、施肥，也离不开"花朵们"自己努力地绽放，只有经过自己的努力与蜕变，花朵才会开得更鲜艳！

任务单教学中学生汇报能力的培养

孔令利

我从二年级开始尝试使用任务单教学，经历了初识的新鲜、再识的疑惑、探讨中接受、运用中提高的过程。四年的经历，让我在任务单教学模式中体会到了"教是为了不教"——任务单教学坚持自主、合作、探究的学习方式，课堂上给学生"学"的任务，给学生"想"的时间，给学生"说"的场合，给学生"辩"的机会。尊重学生课堂学习的主体地位，讲究师生平等对话。这一理念不仅仅是学习方式的变化，更重要的是强调了学习和发展的主体是学生，学生在课程与教学中的主体地位得到了真正的确认和尊重。

一、课前的自主、合作学习

尊重学生学习的主体地位，是进行语文教学时必须要考虑的，而且要落到实处。这一点在任务单教学中更为重要。

（一）自主完成任务单是学生完成课堂汇报的前提

任务单下发后，学生首先要完成任务单上相应的学习要求。对于低年级的学生，老师要逐个进行说明，学生明白做什么、怎么做，然后付诸行动。中高年级的学生有了一定的审题能力，老师要给学生足够的学习时间，鼓励学生自主完成任务单上的学习任务。如：人教版四年级下册第七组第三篇《鱼游到了纸上》学习任务单：

1. 准确认读本课生字词"罢了、聋哑人、厂徽"，给画横线的字注音。

2. 通过查字典或联系上下文理解"一丝不苟、工笔细描、挥笔速写、融为一体"的意思。

3. 自学本课生字"港、澈、壶、缸、罢、苟、绣、挥、徽、聋、哑"，写字要做到正确、规范。

这三个基础题目，学生完全可以独立完成。掌握生字的读音、理解关键字词的意思、学会书写生字，这是学习课文的第一步。有了独立学习的过程，课堂上的汇报才有底气。

学生与文本交流的主要方式是"读"，要想把文本内化，在课堂上针对任务单的要求谈理解，读好课文是基础。经过一段时间的训练不难发现，课堂上汇报能力强的学生一定是把课文熟读的，而在汇报环节中词不达意、羞涩表达的学生，他的课文也一定没有读好。所以，锻炼学生的汇报能力，我们可以先进行朗读能力的培养。

如《鱼游到了纸上》学习任务单：

正确、流利地朗读课文。

完成这项学习任务，首先，老师要给学生明确课文朗读的基本要求：读准字音，不添字不落字，句子要通顺，不能磕磕绊绊，声音要洪亮。其次，学生明白了要求就开始自己练读课文。学生先自己读，然后组长要检查组员的朗读，看是否达到准确和流利的要求。最后老师要进行朗读检查，检查形式可以是小组抽查或者全班检查。小组抽查是抽查某个小组成员的朗读，全班检查是按照学号的顺序全员参与检查。同学们依次读文，合格的同学可以给小组加分，达不到要求的同学要在组长的监督下继续练习朗读课文，直到达到要求为止。这样下来，一篇课文学生至少要朗读五遍。读好课文为学生理解课文内容打下了坚实的基础，也增加了学生课堂汇报的勇气。

（二）小组合作、讨论交流是完成课堂汇报的保障

任务单教学中学习小组的建立很重要。学生在独立完成任务单的学习后，难免会遇到自己拿不准的题目，这就需要组内成员之间的合作学习。小组成员在组长的带领下完成初步学习，尤其是针对核心思考问题，每个成员都要发言，组内成员共同交流、丰富认识。表达能力强的学生要发挥带头作用，达到以强带弱的目的，最终小组内要形成一个统一认识。有了前期的准备，做足了工作，汇报就不再是难事。

二、课堂汇报时的全员参与

1. 由易到难，循序渐进

任务单教学中培养学生的汇报能力是一个长期的过程，所以，我遵循从易到难的规律。凡是不敢开口说话的学生，要么胆小，要么觉得无话可说，要么养成了只听不说的习惯。鉴于此种情况，我建议小组长在分配汇报任务时，把朗读课文、解释词语这样简单的任务交给这部分学生汇报，再慢慢练习其他理解性问题的汇报，学习组织语言的技巧。这样在课堂上就克服了学生无话可说的尴尬，还有了进一步的努力空间。老师和蔼可亲的态度、温柔委婉的语气、鼓励性的教学评价，共同营造出一种轻松愉悦的课堂氛围，让学生感觉在老师和同学们面前轻松亲切，愿意把自己知道的、想说的说出来。这样的坚持一定会带来学生汇报能力的提高。

2. 给足学生思考和汇报的时间

任务单教学模式中，老师要摆正自己在课堂教学中的姿态，学生能说的让学生说，学生会说的老师不要代替，学生不会说的，老师要引导学生说。老师必须在课堂教学中创造和谐平等的教学氛围，充分尊重每一位学生。问题提出之后，老师要给学生留足思考的时间，让学生形成自己的见解并组织起连贯的语言将自己的想法表达出来。汇报交流中，老师不可轻易打断学生的发言，给他们充分表达的机会，从而增强他们表达的兴趣。

三、师生评价的持续激励作用

关注课堂教学中的学生评价，是提高课堂教学效果的重要途径。老师在课堂上对学生的评价要有激励性和引导性，同时有制度奖励的辅助。老师对于学生的汇报要有充分的预设，对于汇报能力比较差的学生，老师要及时给予肯定，鼓励该生积极参与任务单的汇报；对于汇报能力稍强的学生，老师要对学生汇报的具体内容给予肯定或提出更高的要求，不可只说："很好，很棒，你太厉害啦！"老师的评价语要鲜活、有针对性，这样才能把汇报的动力传达给学生，调动班级其他同学积极参与到课堂汇报中来。针对汇报能力更强的学生，老师要看学生的思维有没有在课堂上得到充分激发，及时肯定学生的独特见解，发掘和培养他们的创新思维。

另外，老师对学生的汇报要有明确的等级奖励，A+等级的汇报会给小组加50分；A等级的汇报可以加30分；B等级的汇报可以加10分。学生在每一节课的汇报都有分数的记录，每次汇报完，组长要及时给组员加分。在汇报过程中，如果哪个小组能对汇报人汇报的题目有补充内容，还可以增加汇报补充分数10分。补充时，可以先组内补充，如果其他组员有不同或补充意见，再请其他组员进行补充。课后，组内记分员都会记录组员的汇报分数，激励大家积极参与课堂汇报。

经过四年的训练，我班大部分同学在汇报交流时能够自信大方，他们乐于表达，善于倾听。任务单教学过程中学生课堂汇报能力的培养不是一蹴而就的，学生汇报能力的提高也非一日之功，需要我们俯下身去探索和实践，为真正提高学生语文学习的能力而努力。

让学生爱上学习

杜建丽

　　2011年版《语文课程标准》指出：学生是学习的主体。语文课程必须根据学生身心发展和语文学习的特点，爱护学生的好奇心、求知欲，鼓励自主阅读、自由表达，充分激发他们的问题意识和进取精神，关注个体差异和不同的学习需求，积极倡导自主、合作、探究的学习方式。我跟随学校教学研究的脚步开启了"任务单教学"的探究，教学越来越重视学生的自主学习。学生借助任务单学习的质量以及课堂上参与学习的程度直接决定教学目标的达成程度，决定了我们的教学能否真正起到提高学生学习能力的作用。如果把学生学习的积极性、主动性调动起来，让他们爱上学习，无疑会让我们的任务单教学更加扎实、有效。那么如何激发学生的学习欲望，调动学生学习的兴趣，让他们爱上学习呢？我从自己的教学实践中总结出如下几点。

一、教师要善于运用自己的语言"挑逗"学生

　　提到这一点，我就想到了"海棠工作室"的主持人于海棠老师，她可是这方面的高手。"能找到四点，你就很厉害了。""要是能找到六点，你就是我的老师了。"她执教《杨氏之子》时在课堂上说的几句话时常在我耳边回响——语气平淡，却刺激着每一位学生的神经。是呀，谁不想显示自己的能力，当老师的老师呢？这让我想到了自己的课堂，用"任务单"进行教学一段时间之后，小组汇报已经成型，但是课堂上只是台上小组汇报，台下小组听，

缺少台上和台下学生的互动，未免呆板了。学着于老师，我也在课堂上试着用语言激励学生。"好，我们的靶子上台了哈，大家可要仔细听，听出他们汇报中的漏洞，等到补充的时候直指这个漏洞，射击，看谁能击中靶心！"台下的学生满脸兴奋，更有个别调皮的学生做出射击状，但当台上小组开始汇报的时候，他们却听得格外入神，不等台上小组汇报完毕，就已经高高举起手来，更有甚者，在补充环节还晃动小手，积极申请发言。就这样，在一次次的"被忽悠"下，学生慢慢知道了如何补充、如何发表不同的见解、如何互动，我们的课堂渐渐活泼起来，有了更多的思维碰撞，学生的思考更加深入，结合文本阐述观点也头头是道。相应地，学生为了能够在课堂上"射中靶心"或者不被射中，在借助任务单学习时也会更加深入。老师一定要善于运用语言去激发学生的表现欲。

二、评价方式常换常新

在"任务单教学"中，评价方式非常重要。没有甜头，学生学习的积极性自然不高，每次获得的甜头都一样，渐渐地，学生也会失去兴趣。因此，我们的评价方式不能一成不变，要常换常新，让学生保持新鲜感。

计分方式要变。计分方式，老师和学生要有一个基本的约定，成为一种常态化的规则。但如果只有这种规则，学生的积极性很难一直保持在较高的状态，因此，我们还要偶尔地来点非常规。比如，重难点问题的分值可以增加；回答特别精彩的分数可以翻一倍；老师也可以赢得分数，和学生展开竞争，激发他们的好胜心……适当来点不一样的计分方式，学生的情绪会立马被调动起来，学习效率也会提高不少。

奖励方式要变。如果学生每次胜出后得到的奖励都是一样的，积极性也会降低，"反正就是一支笔，我都有了，没意思"。没了追求的目标，行动力自然会下降。我们的奖励方式要多变，可以变换奖励的物品，也可以增加其他的非物质奖励，比如，减免某项作业，获得一次免打扫卫生的机会，获得一次优先汇报展示权等等。奖励方式不仅要多变，还要"投其所好"，我们也可以让学生自主选择想要得到的奖励。

评价周期要变。定时强化，条件反射逐渐稳定，在接近评价时，学生学习的积极性才会保持较高的程度，所以我们的评价周期可以适当改变，而且什么时候强化不一定要告诉学生，来个"不定时强化"，让学生时时保持较高的积极性。

三、巧用比赛

小学生尤其喜欢比赛，比赛可以让他们处于相对兴奋的状态，高效地完成一定的任务。我们在课堂上也要巧用比赛。简单的任务可以赛一赛哪个小组的同学全部掌握，难的任务则赛一赛哪个小组理解得更好，这样可以起到基础知识保底、难度知识集思广益的作用，而且还能促进小组内成员的交流讨论、互帮互助，使合作学习更加深入，学生与他人合作的能力也会相应提高。不仅生生之间可以比赛，师生之间也可以比赛，自己要和老师对战，而且还有可能胜利，学生能不尽全力吗？

调动学生学习的积极性，让学生积极、主动地学习是我们开展"任务单教学"的基础和前提，没有自主的学，何来交流汇报呢？同时，让学生爱上学习也是我们教育教学的目标，唯有如此，我们的教学才能真正起到为学生的终身成长奠基的作用。当然，以上的方法只是我在实际教学中的一些尝试，相信老师们定能根据自己班级的实际情况，开创出更多巧法、妙法，以激发学生自主学习的欲望。当我们意识到调动学生学习积极性、让学生爱上学习的重要性时，方法便会无数了。

当"任务单"遇上"单元整体教学"

李　雅

加入"海棠工作室",从任务单教学的全面铺开,到任务单与单元整体教学的正式接轨,我看到了不一样的教学模式,它犹如一泓新鲜的活水深深地触动了我的心弦。孙艳梅主任和于海棠老师亲自上阵,为我们呈现"当任务单遇上单元整体教学"研究下的课例,更是让我们热血沸腾。激动之余,更多的是收获,是反思……

实施单元整体教学,对我来说并不陌生。我曾经带领教研团队承担了历下区研究课的展示,对单元整体教学有了初步的思考和探索,但在既定的模式和思路之后,研究好像也就停滞不前了。如何开拓新的思路,在"任务单"教学模式下找到更好的整合形式,这是我们的困扰,也是我们的期望。

一、找准整合点,设计任务单

无论是任务单教学还是单元整体教学,无论是任务单的制定还是单元整体教学整合点的确定,都应建立在充分解读教材的基础上。山东师范大学魏薇教授曾经说过:"教师的魅力在于解读的魅力。"文本解读最考验老师的功力。解读浅了,学生不买账;解读深了,学生听不懂;解读偏了,整堂课就南辕北辙了。只有解读到位,才能有明确的教学目标;只有老师明确了教学目标,才能带领学生去实现它。所以任务单中出现的每一项任务都必须是老师在经过细致的教材解读之后的思考,每一句话都要言之有物,一字一句都是深思熟虑的结果，课堂上才能使学生产生共鸣与体悟。而当任务单遇到单元整体教学时，教材的解读就更需要深度和高度，不仅要关注到主题位置、教材浏览、单元训练重点的解读，同时还要关注到每一篇课文的重难点以及单元整体教学中的整合"点"的确立，只有这样才会实现真正的融合。

如，人教版四年级上册第四组"作家笔下的动物"这一单元，站在整个单元的基点上，把《白鹅》《白公鹅》《猫》和季羡林先生的《老猫》四篇课文罗列出来，我们不难看出，无论是课内篇目还是课外拓展，他们的教学目标之一都是为了向作家学习他们是怎样抓特点描写动物的，是怎样表达自己对动物的喜爱之情的。为了突出这个学习目标，于海棠老师执教的第四课时的任务单是这样设计的："读了《白鹅》《白公鹅》《猫》这三篇课文和《老猫》这篇补充的文章，想想作家笔下的动物分别有怎样的性格特点，是从哪几个方面写出来的，试着概括一下。"学生借助任务单初步梳理出每篇课文作者的写作思路，把握了作者笔下小动物的特点，从整体上引导学生了解四篇课文的脉络。站在这个角度去安排教学目标、流程，去设计任务单，以任务单为抓手，把整个单元作为一个系统，以单元主题和写作方法为魂，统领教学的各个环节，我们的教学就不再是模模糊糊一大片，而变得清楚明了。

二、借助任务单，内容有取舍

"万山磅礴必有主峰，龙衮九章但挈一领。"我想，用这句话比喻语文教学中单元整体教学的精髓正恰到好处。从树立单元整体教学的理念开始，课堂教学就应该将削繁就简、强化主干、突出重点作为进行教材解读以及课堂教学的方向和依据。课堂上，教师更应该抓住教学中最具阅读价值的点，深打井、去粗取精、取舍得当，才是最大的教学智慧。

"取"在哪里？比如，"作家笔下的动物"这一单元，每篇课文中都有好多地方能让我们感受到作者对小动物的喜爱之情，通过什么样的方式写出了喜爱之情，什么地方"爱的内涵"不一样，什么地方的语言学生品读会有一定难度……这样的地方就是我们预设教学时应"取"之处。再如，从"单元教学目标及流程"上来看，我们不难发现，"作家笔下的动物"这一课例的设计最终落脚到读写结合的教学目的。为了使学生能够写出自己笔下喜爱的小动物的特点，表达自己的真实感情，课例中第四课时和第五课时的教学处处体现读写结合的"取舍之道"，忽略大段的文字讲解，舍去过多的朗读指导，紧靠写作要求，在写作的布局谋篇、写作手法、修辞运用方面下功夫。课堂中我们能听到这样的话语："叶·诺索夫写得那么细致，如工笔细描，读来让人如见其形；丰子恺写得那么简约，如大写意的国画，给人留下想象的空间。"像这样，把一个单元的写作点都分布在了每一节课的教学当中，进行扎实有效的训练，那么习作就不再无从下手了，写作有内容，有方法，学生自然会表达。

三、回归整体，比较中落实语用

课程标准指出："语文教学要注重语言的积累、感悟和运用，注重基本技能训练，让学生打好扎实的语文基础。"可见，在语文教学中进行语言训练是多么重要。语文教材不过是个例子，我们期待课堂讲解只是对学生学习的抛砖引玉，学生能够举一而反三，练成运用语言文字的能力与技巧才是最真实有效的收获。

在单元整体教学中，教学要回归整体，横向比较每一课在行文结构、语言风格等方面的特点。如，"作家笔下的动物"这一课例中，《白鹅》和《白公鹅》两篇课文都运用了"明贬实褒"的语言，在"我们这位鹅老爷""架子十足"等含有贬义的词语中表现鹅的个性，风趣地表达出作者对鹅的喜爱之情。这种反语的表达方式是学生第一次接触，学习起来有难度，我们就重点讲，讲通，讲透。为了突破难点，于海棠老师借助任务单引导学生进行横向对比，分三次比较异同，第一次是第四课时版块三"细读文本，感受'白鹅'与'白公鹅'的特点"，第二次是版块四"比较《白鹅》与《白公鹅》的异同"，第三次是第五课时版块二"将四篇文章进行多角度对比"。在老师的点拨和指点中，学生在比较阅读中体会到，同样写动物，观察角度不同，运用的表达方法就不同，语言也就各具特色；写小动物的性格可以通过它们的日常独特表现来写，也可以通过列举它们的小事件来写……在语言品读、比较异同等阅读策略中，学生寻找到描写动物的方法，为写好小动物这一主题打开一扇窗。像这样，在单元整体教学中的横向对比，在学习中落实了学生运用语言文字的能力与技巧。

恰当的教学模式可以让我们的课堂如虎添翼，当"任务单"遇到"单元整体教学"，课前我们需要找准整合点，设计好"任务单"，课堂上借助任务单对教学内容取舍得当，最终回归整体，在比较中落实语用。这样的教学扎实、有层次，既体现了整合的提纲要领，又体现了任务单教学的短时高效。这样的"遇到"让我们看到了学生的学习过程，这样的课堂学生们会学得更多，思维会变得更开阔、更活跃。

任务单在小学语文古诗词教学中的设计
与应用初探

陈 琰

我校四年级语文教研组进行了任务单引领下的单元整体教学研究，以四年级下册第六组为例，进行了课时整合并予以实践。本单元以"走进田园，热爱乡村"为主题，包括两篇精读课文和两篇略读课文，其中就有较为特殊的体裁：古诗词。着眼于古诗词体裁的特殊性，本课单独课时授课，我有幸承接了这一挑战。经过不断的尝试探索，笔者对任务单在古诗词教学中的设计和应用有了一些初步的思考和认识。

一、研读课标教材，确立任务方向

古诗词是中华民族传统文化的璀璨明珠。在语文课程标准中，各学段目标都提出了对古诗词专门的教学要求，在推荐背诵的120篇（首）优秀诗文中古诗词占104首。深化古诗词教学研究，使之对提升学生语文素养发挥更重要的作用，是语文教学的应有之义。在一般的古诗词教学中，教师多停留在字面讲读上，没有达到课堂教学的最优化。如何在教学中引导学生理解古诗诗意，同时提高课堂效率，是优化古诗词教学的必然思考。

任务单教学我们一直在研究探索，因此，在准备本节古诗词教学时，我突然想到：是不是可以把任务单介入古诗词的教学呢？说做就做。那么如何确立任务项目呢？

在探索任务单教学的历程中，我们渐渐摸索出制定任务单的主要依据：课程标准、教材和学生情况。具体到这一组古诗，我先充分了解三位诗人的相关资料，了解这三首古诗创作的相关背景，另外结合教参，确定了本节课的教学目标。本课的三首古诗词分别是《乡村四月》《四时田园杂兴》《渔歌子》，结合本单元"走进田园，热爱乡村"的主题，和体会诗情的训练重点，我们确立了本课的教学目标如下：

1. 通过查字典、小组交流，认识"蚕、昼、耘"等7个生字，正确读写"蚕桑、耘田、白鹭"等词语。

2. 通过教师范读、合作朗读，读准古诗。

3. 借助注释，通过自学、交流、汇报的方式，了解每首古诗词的意思。

4. 通过抓关键字，体会诗人描写的景象，并想象诗句描绘的画面。

5. 结合资料袋补充的诗人简介，体会《乡村四月》《四时田园杂兴》中诗人对劳动人民的赞美之情；体会《渔歌子》中诗人寄情山水的悠闲自在。

6. 初步认识田园诗，了解《乡村四月》《四时田园杂兴》《渔歌子》三首田园诗的异同点。

根据本课的教学目标，同时为了充分发挥任务单在古诗词教学中的抓手作用，结合学习古诗的一般步骤——读准音、了解意、知作者、悟情感，我们设计了读准字音、借助注释理解大意的基础任务。有了学生的充分自学和老师的适当指导，第二课时的学习效率大大提高。

二、提升能力，初步尝试使用课中任务单

在以往的教学实践中，往往以课前任务单居多，有专门的任务单学习指导课。在多次试讲和充分挖掘教材的基础上，我发现，若仅仅以字词、理解大意作为任务单的主要项目，学生自学起来基本没有难度，其实还没有完全培养出在"最近发展区"[①]以内的能力。那么如何在保持学习主动性的前提下，尝试

---

① 维果斯基的"最近发展区理论"，认为学生的发展有两种水平：一种是学生的现有水平，指独立活动时所能达到的解决问题的水平；另一种是学生可能的发展水平，也就是通过教学所获得的潜力。两者之间的差异就是最近发展区。

培养学生品读鉴赏古诗的能力呢？如何既能发挥学生自主性，又能使学生保持一份在课堂上的好奇心、挑动学生的学习欲望呢？是不是可以在课中介入任务单的试用呢？以本课为例，三位诗人都把笔触投向田园风光，但在具体描写的内容和情感上有一些不同。这是在对教材进行了充分理解的基础上进行的横向比较。于是，在课堂上我设计了如下任务：

三首古诗词在内容和表达上有一些异同点，请你先自己思考，然后小组内交流一下。

学生在所学内容的基础上，先自己思考，然后组内讨论，在思维的碰撞中，学生对这三首古诗词有了更加全面的理解。

全面考量学情，了解学生能力还不能及的范畴，这对适时地介入课中任务单有着非常重要的导向作用。

三、延续诗意，课后任务依旧精彩

本节课的教学目标之一是让学生初步认识田园诗。在课堂上让学生充分地感受诗意和对比了解后，结合本单元语文综合实践活动，我又设计了学生的课后任务：

选择背诵老师提供的田园诗，并展开想象，把想象到的画面画下来。

学生根据任务单提示完成任务后，进行口语交际的展示，这样学生对田园诗就有了更全面的认识，让诗意继续延续，同时，也贯彻了单元整体教学的思路。

这次任务单在古诗词教学中的应用，让我摸索到了高效古诗词教学的可行路径，并首次在课堂中将课前、课中、课后的任务单融合在一起，使课堂更饱满，这对我来说又是一次研究和成长。当然，就古诗词教学而言，在课堂中如何让学生感受古诗的语言魅力和意境，这还是个不小的挑战，我将继续探索。

后　记

　　2017年10月15日，华灯初上的时候，经过最后一次讨论，《任务单与阅读教学》一书终于定稿，厚厚二百多页的书稿，放在手里有一种沉甸甸的喜悦。尽管书稿从着手到完成不到半年，但研究的历程和成果的积累却历经六载。六年来，齐鲁实验学校的老师们在山东师范大学魏薇教授的指导下，以任务单为抓手改进阅读教学的理念和方式，以培养学生的自学能力、让学生经历完整的学习过程为初衷，从研究任务单的制定到研究任务单教学的理论，从任务单指导单篇阅读教学到任务单引领单元整体教学，再到一篇篇案例的凝结，一次次反思的锤炼，直到今天书稿的完成。六年，老师们用实践书写着研究的印迹，也用此书证明了——坚持，才能遇见最美的风景。

　　坚持，让老师们成为教学的明白人。要制定一份适用的任务单离不开对课标、对教材、对学情的深入解读。课前的一次次商讨，课后的一次次修订、完善……任务单，让老师们逐渐明白了教什么、怎么教、教到什么程度。研究的过程即是成长的过程，主题式研究，让老师们快速突破成长瓶颈，更多、更快地感受到了教学的魅力。借助任务单教学，青年教师实现了快速成长，多人获得"历下区教学能手"称号，在区教学新苗评比和济南市优质课比赛中也取得了优异的成绩。孙艳梅、米文丹、于海棠、周雪娇、梁勋塾、窦娇艳、陈琰、刘媛等老师更是走出校门，承担了省级以上的教学示范课任务。

　　坚持，让团队增强凝聚力。一个人上课，一个教研组共同研究；一个学科比赛，整个教研团队共同参与。任务单的推进，从校内的个人研究，到区级年会的学科展示，再到走向全国的名师示范；从以"海棠工作室"为主的核心团队，到语文学科，再到全学科参与，研究的路上，我们从来不是一个人在战斗。大家在共同成长的路上，汇集力量，凝聚智慧，教学方法更多，教学领悟更深，团队情谊也更重。"手拉手会走得更远"是大家最深切的感受。

坚持，还来源于专家、领导的支持与鼓励。任务单的研究能坚持六年并开花结果，离不开山东师范大学魏薇教授的真情陪伴。当老师们遇到困惑时，当研究取得突破时，老师们最先想到的都是魏薇教授。魏教授以她广博的学识、丰富幽默的语言和真诚的人格魅力带动和感染着老师们在研究的路上且行且思。此书的成稿离不开集团领导的大力支持和肯定，苗禾鸣总经理、张磊副总经理等集团领导在百忙中多次过问"任务单"专题研究的进度，对研究过程中取得的成果给予了充分的肯定，使老师们始终保持着研究的热情，并最终促成了本书的出版。六年的坚持，还要感谢齐鲁实验学校的历任领导，任丽华、潘恩群、张芳、张亮，每一个名字背后都有温暖的故事、温情的期待。是他们给予的每一份力量，让老师们走到现在。还要感谢山东教育出版社的编辑们，尤其是胡明涛老师，他以其严谨、专业的态度让我们感受到出版人的那份责任，更让我们对此书充满期待。当然更该感谢的是每一位老师，你们一直在教育的现场，给了这份研究最鲜活的生命和最持久的力量。

坚持，让我们遇见最美的风景。坚持，也必然让我们遇到更好的自己。新的开始，我们将继续携手同行。

齐鲁实验学校　孙艳梅

图书在版编目（CIP）数据

任务单与阅读教学/张亮，孙艳梅主编．—济南：山东教育出版社，2017.10

（山东师大基础教育集团教育创新系列丛书/苗禾鸣，李培荣主编）

ISBN 978-7-5701-0004-0

Ⅰ．①任…　Ⅱ．①张…　②孙…　Ⅲ．①阅读课—教学研究—中小学　Ⅳ．①G633.332

中国版本图书馆CIP数据核字（2017）第253539号

山东师大基础教育集团教育创新系列丛书

苗禾鸣 李培荣　主编

RENWUDAN YU YUEDU JIAOXUE

任务单与阅读教学

张亮 孙艳梅　主编

主管单位：山东出版传媒股份有限公司

出版发行：山东教育出版社

地址：济南市纬一路321号　邮编：250001

电话：(0531) 82092664　　网址：www.sjs.com.cn

印　　刷：济南万方盛景印刷有限公司

版　　次：2017年10月第1版

印　　次：2018年5月第2次印刷

规　　格：710 mm×1000 mm　1/16

印　　张：13.25

印　　数：3001-6000

字　　数：190千

定　　价：36.00元